LA

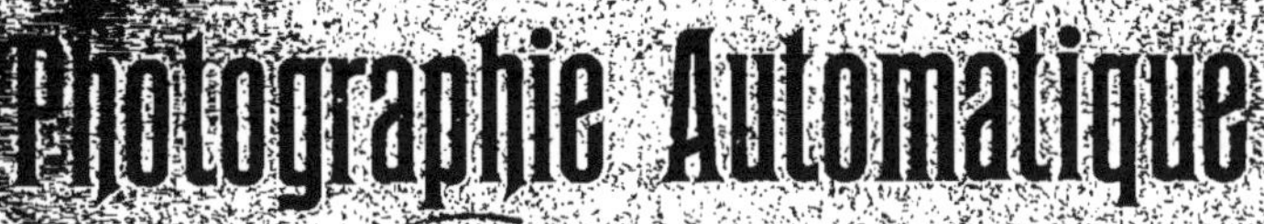

Photographie Automatique

en Noir et en Couleurs

& LA PHOTOGRAPHIE EN FAMILLE

PAR LA

Suppression du Laboratoire obscur

MANUEL

PAR

Charles GRAVIER

CRÉATEUR EN FRANCE DES COURS DE PHOTOGRAPHIE DU SOIR, QU'IL A PROFESSÉS PENDANT 20 ANS

Directeur du *MONITEUR DE LA PHOTOGRAPHIE*

PLANCHE EN COULEUR D'APRÈS PLAQUE AUTOCHROME

AUX BUREAUX DU *MONITEUR DE LA PHOTOGRAPHIE*
17, Rue des Moines, 17, PARIS

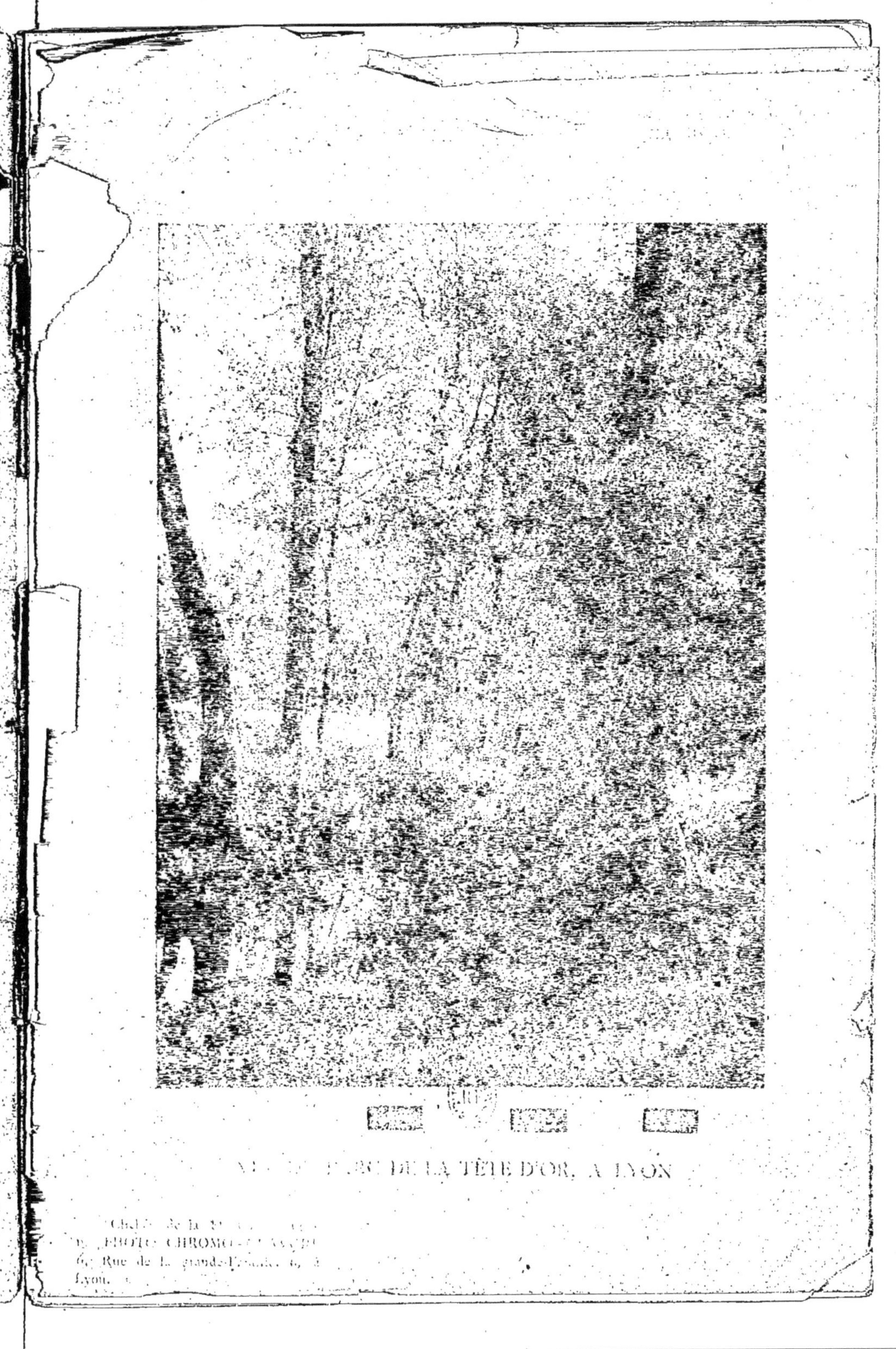

[illegible] PARC DE LA TÊTE D'OR, A LYON

Cliché de la [illegible]
[illegible] PHOTO-CHROMO-[illegible]
6, Rue de la grande-[illegible]
Lyon.

Reproduction d'après plaque autochrome
LUMIÈRE.

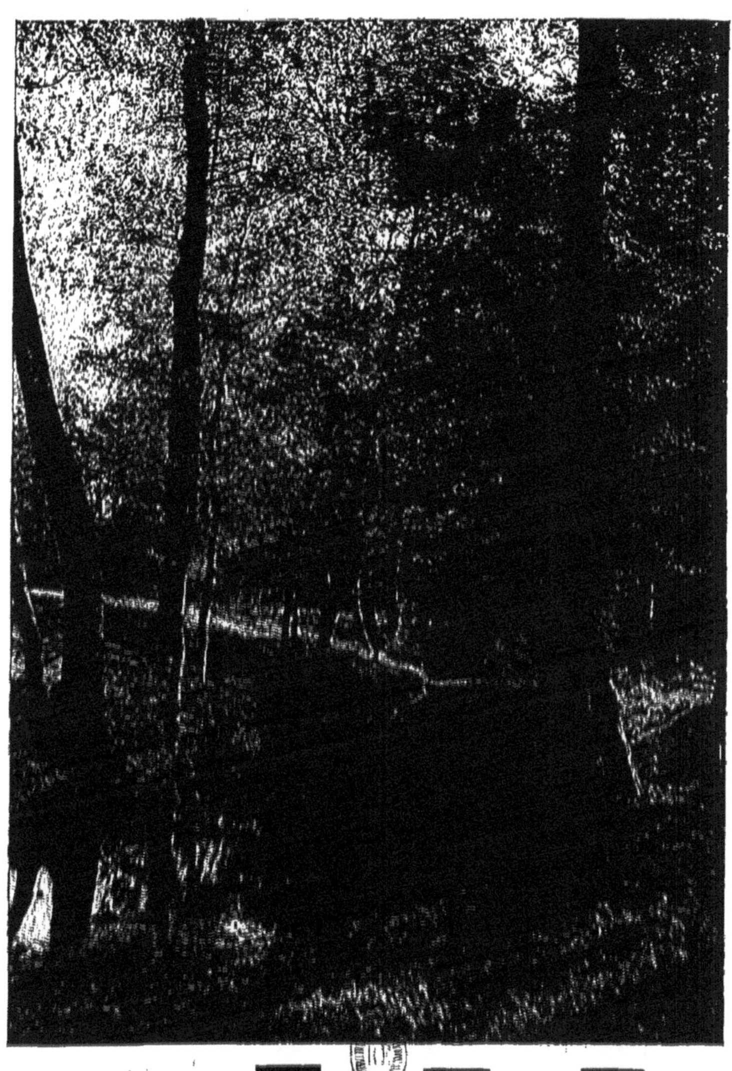

VUE DU PARC DE LA TÊTE D'OR, A LYON

Clichés de la S[té] LYONNAISE DE PHOTO-CHROMO-GRAVURE 6, Rue de la grande-Famille, 6, à Lyon.

LA

Photographie Automatique

en Noir et en Couleurs

& LA PHOTOGRAPHIE EN FAMILLE

PAR LA

Suppression du Laboratoire obscur

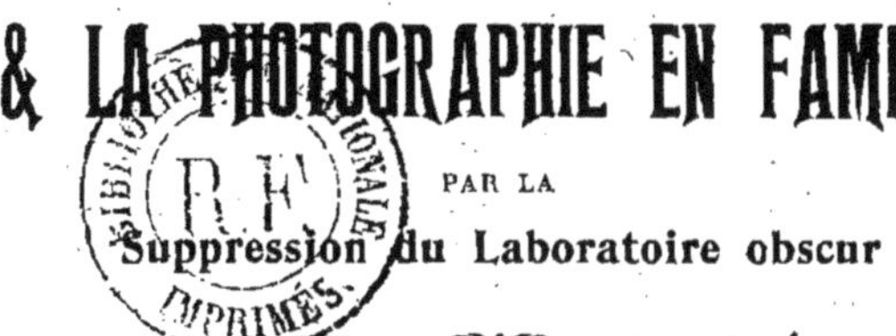

MANUEL

PAR

Charles GRAVIER

CRÉATEUR EN FRANCE DES COURS DE PHOTOGRAPHIE, DU SOIR, QU'IL A PROFESSÉS PENDANT 20 ANS

Directeur du *MONITEUR DE LA PHOTOGRAPHIE*

PLANCHE EN COULEUR D'APRÈS PLAQUE AUTOCHROME

AUX BUREAUX DU *MONITEUR DE LA PHOTOGRAPHIE*

17, Rue des Moines, 17, PARIS

A Monsieur Henri GAUTHIER-VILLARS

Cher Monsieur,

Il y a 25 ans, insistant après feu votre bon père, vous m'écriviez : " Allons un peu d'effort pour que votre nom soit dans notre bibliothèque "

. . . .

Des recherches pour les milliers d'articles que j'ai donnés à mes confrères ont absorbé tous mes loisirs et c'est grâce encore à la grande obligeance du Maître Imprimeur Paul Roustan, qui depuis deux ans me conserve des compositions, qu'il a réunies, que quiconque lira mon résumé de la page 31 *deviendra un des adeptes de Daguerre, que feu notre ami Carjat appelait :* le peintre du pauvre.

Votre dévoué,

Charles GRAVIER.

PRÉFACE

La méthode qui fait l'objet de ce volume n'a pas pour but l'emploi de notre laboratoire portatif exclusivement, elle sera utile à quiconque peut disposer d'une pièce obscure.

Nous avons présenté dans diverses Sociétés photographiques notre méthode, qui résulte des travaux de nos contemporains et de nos expériences. Les membres du Congrès International de Bruxelles à qui nous avons montré nos résultats, le 2 Août 1910, dont le résumé leur avait été remis la veille, nous ont fait l'honneur de nous applaudir sans objection.

Par la lettre ci-dessous (1), publiée le 12 Décembre 1909 dans *Photo-Revue* (2) nous avons provoqué des observations ; aucune contradiction basée sur des expériences définies ne nous a été faite.

Nous aurions pu ne publier que le résumé de la 1/2 page 31 et le petit tableau de la page 63, il suffirait au premier venu pour obtenir un cliché utilisable.

Les 68 pages compactes de ce manuel, prouvent : que ce n'est pas sans avoir étudié la complexité des phénomènes produits par la lumière que nous sommes arrivés à la pratique simple que nous indiquons.

(1) MON CHER CONFRÈRE,

« *Dans le but de tenir vos lecteurs au courant de tout ce qui peut faire progresser la photographie, vous avez publié ma note sur les temps de pose.*

« *Je trouve dans le* Bulletin de la *Société Hâvraise de Photographie d'octobre une note de M. Maurion, qui se montre très favorable à ma proposition et qui l'apprécie même d'une façon beaucoup trop louangeuse.*

« *M. Maurion dit dans cette note :*

« *Si les idées de M. Gravier sur l'automatisme venaient à s'imposer, ce « serait pour la Photographie une transformation capitale, un diminutif « de cette évolution qu'apporta à notre art la substitution de la gélatine au « collodion* ».

« *Comme je ne revendique personnellement aucun autre mérite que d'avoir réuni ou résumé les travaux de mes collègues, je crois pouvoir vous demander de vouloir bien faire faire par les lecteurs de* Photo-Revue *la critique impartiale des méthodes qu'après des essais très suivis, j'ai cru pouvoir proposer.*

Dans cette attente, je vous prie d'agréer etc.

Charles GRAVIER.

(2) De même dans *Photo-Gazette* et le *Moniteur de la Photographie.*

LA PHOTOGRAPHIE AUTOMATIQUE

en Noir et en Couleurs

& LA PHOTOGRAPHIE EN FAMILLE

par la

Suppression du Laboratoire obscur

LA PHOTOGRAPHIE

Photographie, veut dire ou signifier *dessiner une image à l'aide de la lumière.*

C'est en effet avec les rayons lumineux, reflétés par les objets éclairés par une *source de lumière* [1], que nous " imprimons " l'image de ces objets, sur une surface recouverte d'une substance sensible à la lumière, c'est-à-dire modifiée plus ou moins profondément par la lumière.

D'une manière générale, on peut dire que tous les sels métalliques sont désoxygénés, c'est-à-dire ramenés vers l'état métallique par la lumière, et que les matières organiques sont oxygénées, c'est-à-dire oxydées, sous l'influence des rayons lumineux ; quelquefois ces phénomènes se superposent, par suite de combinaisons produites en premier lieu, soit par la lumière, soit par un réactif chimique qui active l'apparition de l'effet produit ; d'abord sans que la trace du reflet lumineux soit décelée d'une façon quelconque ; on dit, dans ce cas, que l'impression sur la surface sensible est à l'état *latent* et le réactif utilisé, pour rendre visible l'image, est appelé *révélateur.*

Il est évident que les substances sensibles doivent être manipulées dans un local obscur, ou qui n'est éclairé que par une lumière particulière, sans action elle-même sur la substance utilisée.

Nous allons examiner comment on peut déterminer cette lumière peu offensive (pour l'essai voir page 48).

On démontre dans les traités de physique que : si un rayon de lumière blanche traverse du verre ou du cristal taillé de façon que les surfaces de ces corps transparents ne soient pas

---

(1) Tout corps ou composé émettant de la lumière, depuis le *soleil* jusqu'au *ver luisant*, est une source de lumière naturelle; une bougie, la combustion d'un gaz, etc. est une source de lumière *artificielle*.

parallèles, il en sortira décomposé en un faisceau, formé de différentes colorations, auxquelles on donne le nom de *radiations* colorées ; l'ensemble de ces radiations, reçues sur une surface plane, un écran, est connu sous le nom de *spectre solaire*.

Ces radiations colorées n'agissent pas avec la même énergie sur toutes les surfaces sensibles, certaines mêmes semblent être inertes à quelques-unes de ces radiations, on les utilise alors pour l'éclairage dans les opérations, s'il est nécessaire de suivre l'apparition de l'image ou pour la fabrication des surfaces sensibles. Nous verrons que certaines substances sensibles exigent l'obscurité absolue.

On a constaté que les colorations jaunes ou rouges peuvent être utilisées dans l'emploi des sels de fer ou de chrome, avec le chlorure d'argent et le gélatino-bromure lent ; pour les plaques rapides et pour la photographie des couleurs l'obscurité est préférable, nous le verrons.

Suivant le colloïde qui enrobe la molécule sensible, pour la fixer sur son support, l'influence de la coloration sur le produit est modifiée et plus ou moins accentuée.

Nous verrons avec les différents procédés, l'éclairage que l'on peut employer avec sécurité.

Pour le procédé dit au gélatino-bromure, le plus employé pour la photographie courante, toutes les radiations modifient ce produit sensible, le rouge cependant est celui dont les effets sont les moins actifs.

L'étude du pouvoir lumineux d'une source de lumière constitue *la photométrie*, et les appareils utilisés sont des *photomètres*. On donne le nom *d'actinométrie* aux méthodes qui servent à mesurer la sensibilité relative des substances en produits modifiés soit par la lumière blanche, soit par les radiations colorées ; les *actinomètres* sont donc ceux qui doivent être employés par les photographes.

Le laboratoire est le local où l'on manipule les surfaces ou les produits sensibles à la lumière ; on donne le nom de laboratoires portatifs à des appareils dans lesquels on se borne à développer *l'image photographique*, et qui dispensent du laboratoire obscur [1].

Pour l'éclairage du laboratoire on emploie des lanternes de diverses formes, dans lesquelles on place un luminaire de l'éclairage domestique, depuis la simple veilleuse jusquà la lumière électrique.

---

[1] Pour les pellicules sensibles au gélatino-bromure, c'est la Société Kodak, qui la première a mis en vente des appareils, se chargeant et développant en plein jour, et pour les plaques c'est notre laboratoire portatif qui a été le premier inventé (Juin 1907), il est le plus simple, le moins lourd, le moins cher et la fig. page 33 montre qu'il n'est pas embarrassant.

Une précaution indispensable est de ne pas introduire, dans des lanternes *fermées,* des lampes contenant une essence ou une huile inflammable car par la distillation du liquide elles produisent avec l'air des composés détonnants.

Pour l'amateur nous recommandons les lanternes qui se placent sur le bec des lampes à pétrole ou mieux à essence de pétrole, dont le réservoir est à l'extérieur telles que la *lampe bicolore* ou mieux *le falot* de Decoudun dont nous nous servons depuis une vingtaine d'années. En réalité, comme nous le verrons, il est inutile actuellement d'avoir une pièce spéciale pour la manipulation des surfaces sensibles lorsque l'on achète ces surfaces préparées.

L'emploi d'un laboratoire portatif en supprimant le laboratoire obscur (V. page 35) permet de faire en tout lieu les démonstrations devant un grand nombre de personnes ; le soir, en famille, c'est une distraction des plus agréable, intéressante et instructive.

A défaut de laboratoire on peut s'installer dans une pièce quelconque, rendue obscure très simplement à l'aide de papier sur les fenêtres.

Une lanterne constituée par une feuille de papier rouge, translucide, roulée deux fois, et une bougie voilà pour l'éclairage ; un carton sur lequel on met un pardessus suffit pour recevoir les cuvettes ; à l'aide des manches du vêtement, on place la plaque sensible dans la cuvette, on y verse le révélateur, (on développe automatiquement) puis la solution qui le neutralise, on fait le reste à la lumière blanche.

Atelier. Le plus souvent les photographes industriels, divisent leur laboratoire en deux parties ; l'une est éclairée par une lumière rouge, l'autre par une lumière jaune, que l'on peut supprimer à l'occasion ; c'est *le laboratoire clair.*

Le matériel de l'atelier clair est très variable, il dépend du ou des procédés photographiques que l'on utilise.

On a, en outre, des ateliers de *pose* qui sont vitrés sur le dessus et sur un des côtés. Ils sont généralement exposés au nord pour éviter les rayons solaires directs ; des rideaux glissent sur des tringles placées près des vitrages.

Dans l'atelier de pose, on reproduit des personnes, des groupes, et, pour leur donner plus d'exactitude, on les entoure de meubles et de tentures en rapport avec leurs costumes.

Voici les accessoires utilisés : d'abord des fonds artificiels, soit noirs, pour obtenir certains effets d'éclairage, soit gris clair ; la teinte grise est souvent dégradée sur le bas et sur un des côtés.

Les fonds représentent soit des sujets de genre, soit des paysages, soit des nuages.

Avec le fond artificiel, le mobilier doit compléter le tableau.

Le mobilier du photographe, souvent sur toile peinte, est à transformation ; par un déplacement rapide des pièces principales ; il sert à figurer une balustrade, un pont rustique, un abri champêtre, etc. Les autres accessoires sont en carton ou en liège peints, pour que le photographe puisse les déplacer facilement.

Sur le sol, on a, pour figurer l'herbe, des tapis en ficelles vertes ou grises. Pour augmenter l'illusion d'un fond, on rentre la partie inférieure sous le tapis, ce moyen est indispensable pour les portraits en pied.

Des murs de l'atelier de Paul Nadar, l'on peut descendre des colonnes, des portiques, etc.

Il faut éviter de faire de ces accessoires le sujet principal du tableau ; l'intérêt étant le sujet photographié.

Pour l'éclairage des modèles, on utilise peu les rideaux des vitrages ; actuellement, des écrans de formes différentes, en étoffes transparentes ou opaques, les ont heureusement remplacés, on les désigne sous le nom d'écran de tête ; un miroir réflecteur est utile.

Par l'effet produit par le jeu intelligent de ces écrans, avec le même modèle, on peut obtenir les sombres effets de Rembrandt ou un lumineux et gracieux portrait du genre de Greuze ; il suffit de modifier la direction de la lumière, à l'aide de réflecteurs.

Ce qu'il faut absolument éviter pour le portrait c'est l'éclairage vertical qui exagère les parties saillantes du visage en lui ôtant de la douceur. Un écran incliné posé sur le sol est employé.

Pour maintenir le corps dans certaines positions, on se sert d'appuis-tête que l'on dissimule derrière des draperies ; on doit s'en passer autant que possible, leur emploi donnant presque toujours au modèle des poses raides et peu naturelles.

On fait avec la lumière électrique de ravissants portraits. Par des écrans inclinés et de différentes colorations, on éclaire le modèle ou l'on modère l'intensité des reflets. Quand on sait diriger les radiations de ce pseudo-soleil, on est certain du résultat ; il n'a pas les caprices de celui qui nous réchauffe, et l'on peut l'avoir à toute heure.

Nadar père, dont le nom a toujours été en tête de toutes les innovations en Photographie, a employé, il y a déjà longtemps (en 1860, croyons-nous), pour des reproductions dans les catacombes de Paris, l'éclairage électrique.

Le magnésium en rubans, ou mieux en poudre, donne, par sa combustion, une lumière très intense et très actinique. Mais différents dispositifs ont été inventés. Il faut éviter ceux par insufflation de poudre en dehors de la poudre du *Magnésium pur*, et surtout d'introduire dans ce dernier des composés qui peuvent exploser.

Un écran en gaze interposé entre le sujet et l'éclair harmonise les tons.

La fabrication par les amateurs des poudres éclairantes est des plus dangereuses. Dans beaucoup des formules données on indique le chlorate de potasse, poudre blanche qui semble innoffensive, mais qui dans un broyage brutal peut détonner.

Il faut être prudent dans l'emploi de ces poudres éclairantes, des accidents graves, des cécités momentanées ou incurables ont été les moindres, car il y a eu souvent la mort de l'opérateur à déplorer, par son imprudence ou celle de son aide.

Un photographe prudent ne confie à personne le soin de disposer ce genre d'éclairage.

Les poudres éclairantes produisent beaucoup de fumée, qui empêcherait de faire rapidement une autre expérience, aussi on produit la déflagration dans des appareils fermés en relation avec l'extérieur ou avec des sacs dans lesquels la fumée s'emmagasine.

La Photographie à l'extérieur. — Nous venons de dire qu'il faut éviter l'éclairage vertical ; pour la Photographie à l'extérieur, s'il s'agit de portraits, il faut donc employer une tente, qui préserve la tête des rayons directs du soleil ; on peut y joindre un fond artificiel ou profiter du paysage comme fond.

La tente évite que les parties saillantes du visage (front, nez, menton) aient un relief exagéré.

Pour la Photographie de paysages, il y a des règles dont nous ne signalerons que les deux principales.

1° Éviter que le soleil ne soit devant l'objectif, car on aurait des effets dits *à contre-jour*. Dans ces photographies, les détails disparaisent dans les parties sombres, si elles ne sont pas suffisamment éclairées.

On ne cherchera à faire ce genre de Photographie que par de beaux jours et lorsque le soleil, un peu caché, est de côté ou, mieux, à gauche de l'opérateur, on rentre ainsi dans la coutume des peintres qui ont formé le goût du public ; il ne comprend pas généralement les hardiesses de certains effets de lumière, qu'il n'a pas l'occasion d'étudier.

2° Attendre que l'éclairage le plus favorable au paysage, au monument ou au sujet soit complet.

En 1867, nous avons attendu sept heures que le soleil tourne pour nous donner l'éclairage à une locomotive et obtenir une image dont les ombres portées sont exactement celles indiquées dans les meilleurs auteurs, et préférées par les ingénieurs.

Le colonel Moëssard est d'avis qu'une des vertus que le photographe doit avoir, c'est la patience, il a cité certains artistes qui sont restés deux ou trois mois dans un pays à attendre l'éclairage désiré.

Nous avons examiné les effets de la lumière sur les surfaces sensibles, puis les installations du photographe : il faut indiquer comment nous utilisons les rayons lumineux

Tout d'abord le photographe doit se pénétrer de ceci : tout sujet, qui n'est pas une source de lumière, n'est visible que par les **reflets** de la lumière qui l'éclaire. Il en résulte que : suivant la couleur de cette lumière, suivant les surfaces ou les corps qui environnent le sujet photographié il reflètera des tons différents qui auront sur la surface sensible une action plus ou moins énergique.

Les fabricants de surfaces sensibles ont introduit dans le commerce des plaques photographiques dites panchromatiques qui sont impressionnables pour toutes les colorations du spectre ; en arrêtant le plus souvent par l'interposition d'un écran jaune une partie des radiations bleues. MM. Lumière ont été les premiers à fabriquer une plaque dite *autochrome* qui simultanément est impressionnée par les différentes colorations ; certaines préparations dites *orthochromatiques* ont, en partie, les mêmes propriétés. Les plaques ordinaires inversent certaines valeurs visibles à l'œil, les colorations bleues sont reproduites en blanc ; les colorations jaunes en noir ; nous examinerons les tours de main qui permettent d'atténuer ces défauts de la plaque ordinaire.

Division des procédés photographiques. — On peut diviser les procédés photographiques en deux méthodes, qui ne diffèrent que par les moyens d'impressionner, c'est-à-dire de produire l'image sur la surface sensible. La première comprend les procédés qui utilisent *la chambre noire* ; la seconde ne nécessite qu'un châssis dit *châssis positif*.

1. — PHOTOGRAPHIE A L'AIDE DE LA CHAMBRE NOIRE

Appareils.

Dans la chambre noire, on obtient des photographies que l'on désigne sous le nom de *phototypes* ou de *clichés*, parce qu'elles servent à obtenir, par contact ou superposition, un grand nombre d'épreuves, comme en typographie.

Les images obtenues à la chambre noire sont le plus généralement dites *négatives* ; si on les regarde par transparence, les parties opaques ont été produites par les reflets les plus actiniques, les parties complètement transparentes correspondent aux parties sombres, qui n'ont reflété aucune lumière ; entre ces deux extrêmes, sont les demi-teintes dont on saisit la formation, conséquence des oppositions relatives, plus ou moins accentuées du sujet.

La chambre noire. Cet appareil photographique peut être simplement établi avec une boîte absolument étanche à la lumière ; un trou sténopéique étant percé sur une des parois, on place sur la paroi opposée, à l'intérieur, une surface sensible à la lumière, dite *surface photographique*, sur laquelle se formera l'image, elle sera renversée comme dans celle qui sert aux physiciens dans leurs démonstrations sur la direction rectiligne d'un rayon lumineux en liberté. On peut photographier avec un petit trou (1).

Les dispositifs inventés pour la chambre noire photographique sont tellement variés que c'est par milliers que l'on peut compter les différents modèles. Comme classification nous les diviserons en deux catégories : celles dites d'*ateliers* et celles dites de *voyage*.

Les chambres d'ateliers comprennent celles pouvant prendre des images du format de 13×18 et au dessus, les types en sont moins nombreux que pour les chambres de voyage. Ces dernières sont des plus variées. La forme se rapprochant du type d'atelier est dite type *classique* (2) ; elle sera toujours la préférée par ceux qui font la photographie industrielle, comme document, par ceux qui travaillent d'une façon calme, pondérément et non pas au petit bonheur.

Ce type est un peu plus encombrant que les modèles *folding ;* le genre *jumelle*, réservé aux dimensions 9×12 et au dessous. Le modèle dit *détective* a une forme cubique, son emploi exige une attention qui laisse bien des mécomptes, aussi nous ne le conseillerons pas. Ce qui tente dans cet appareil c'est qu'il est toujours prêt pour l'emploi mais que d'erreurs pour “ encadrer ” le sujet.

Le dispositif jumelle, tel que l'ingénieur Carpentier l'a mis en

---

(1) La photographie à l'aide d'un petit trou à intéressé bien des savants à l'étranger.

En France, c'est en avril 1886 qu'un habile Aquarelliste, à la fois lithographe et photographe, Félix Méheux, a présenté, à la Société Française de Photographie, de superbes épreuves en indiquant, minutieusement, les conditions principales que l'orifice doit remplir pour donner des résultats satisfaisants.

Le commandant Colson, a étudié la question au point de vue scientifique ; il a su inciter un fabricant, M. Dehors, à construire des appareils simples, permettant d'obtenir dans la même chambre noire des formats différents ; c'est ainsi que les belles photographies de 0m50×0m60 et de 0m80×1m00, que l'on peut voir dans nos bureaux, ont été faites, avec des temps de pose de 5 à 7 minutes pour ces très grandes dimensions.

A l'Exposition de 1900, un ami M. Combes, a exposé un négatif sur papier de 1m50×1m00 obtenu avec un petit trou ; il a décrit sa façon d'opérer.

(2) Ce type permet l'utilisation des objectifs de différents foyers.

vente à l'origine est l'idéal du genre pour celui qui veut être certain d'avoir sur le cliché le sujet encadré tel que l'œil le voit.

La limite de ce Manuel ne permet pas de nous étendre davantage sur les nombreux modèles du commerce. Signalons simplement que dans le type atelier et la folding la mise au point est faite par l'opérateur.

Ensemble de l'appareil photographique. — En résumé, une chambre photographique est composée : d'une partie antérieure verticale qui porte l'objectif, d'une partie postérieure, également verticale, sur laquelle on fixe la surface sensible ; elles sont réunies par un tube flexible appelé *soufflet* (1), et par une tringle ou une planchette appelée *base,* qui leur donne la rigidité. Pour faciliter le remplacement en pleine lumière de la surface sensible, la paroi postérieure porte une feuillure dans laquelle une boîte appelée *châssis négatif,* et ayant un ou deux volets, renferme soit une surface sensible, soit des bobines sur lesquelles une bande qui se déroule à l'intérieur peut recevoir sucessivement plusieurs images, quelquefois une centaine ; le chassis négatif, dans ce cas, est dit *chassis-magasin.*

La mise au point doit être faite sous un voile noir à l'aide d'une loupe grossissant l'image au moins quatre fois ; la vérification finale de son exactitude a lieu en appliquant la loupe sur le verre dépoli, non pas au centre mais à environ 1/3 de la distance qui sépare ce centre d'un des côtés de l'encadrement. Dans certains appareils on remplace le verre dépoli par un accessoire dit *viseur.*

LE PIED

Pour supporter la chambre noire photographique on utilise un dispositif appelé *pied* qui peut être composé de quatre ou de trois montants, cette dernière disposition étant celle adoptée seulement pour le voyage, actuellement on préfère, avec raison, l'adopter

---

(1) Le soufflet n'est utile que si l'opérateur règle lui-même la netteté de l'image, suivant la distance du sujet, ou pour faciliter la portativité de l'appareil. Dans la plupart des appareils de voyage le réglage est fait par le fabricant sur l'*infini* (V. page 00) on dit que le *foyer est fixe,* ou au *point focal* de netteté.

La *netteté* d'un objectif ou sa *définition* est déterminée par la visibilité sur l'épreuve photographique de deux lignes fines très rapprochées ; par exemple si l'écartement des deux lignes est de $\frac{1}{10}$ ou $\frac{1}{20}$ de millimètres on dit que la netteté est à $\frac{1}{10}$ ou à $\frac{1}{20}$.

On trouvera dans les traités d'optique les positions précises des points, (*points nodaux*) qui sont en réalité les centres d'incidence et d'émergence réels des rayons élémentaires des diverses radiations (V. page 18).

également pour l'atelier on est certain que malgré les ondulations du sol l'appareil sera plus stable. Depuis les appareils légers on a fabriqué également des pieds très légers en bois ou en métal. Notre avis est que bien des clichés ont été perdus du fait de la vibration du pied : chambre légère, pied robuste et solide, telle doit être la règle absolue de tout photographe.

L'ŒIL HUMAIN ET LA PHOTOGRAPHIE

On compare souvent la chambre noire à l'œil humain, qui est composé d'un organe globuleux étanche fermé à l'avant par une pellicule transparente, *la cornée* ; à l'arrière par une membrane opaque qui enveloppe le globe et enchasse la cornée comme le verre d'une montre ; à un tiers environ de l'axe, qui traverse ces deux éléments oculaires, est placée une sorte de lentille, formée de feuillets transparents et connue sous le nom de cristallin ; à l'intérieur de la calotte, formant la paroi d'arrière, une membrane rosée, appelée *rétine* et ayant une tache jaune, d'environ un millimètre de diamètre dont le centre est déprimé et est le siège de la vision distincte ; les autres régions de la rétine ne sont utiles que pour l'orientation. [1] La tache jaune est appelée *macula* ou *fovea centralis ;* si la macula est altérée la vision est indistincte ; on peut se diriger mais toute lecture est impossible. C'est ce caractère organique de l'œil qui a fait dire à Helmholtz : *que l'œil est un objectif imparfait qui serait refusé à un opticien.* Si la rétine est séparée de la sous-couche, la chroroïde, sur laquelle elle repose simplement, c'est la cécité.

Notre but, en esquissant simplement cette description, est de marquer le fait suivant ; l'angle d'orientation ou de *champ*, de l'œil, étant d'environ 60°, celui de la vision distincte n'est que d'environ 5° ; il en résulte que, en regardant une personne, ou un sujet quelconque, nous n'en voyons de net qu'une très petite partie et nous sommes obligés, par conséquent, de déplacer la tête ou le globe oculaire pour voir nettement une autre région. Entre « l'école des nettistes » et « l'école des flouistes » il y a donc un juste milieu, qui doit conduire à examiner si l'on désire un document graphique, ou une image se rapprochant de l'observation visuelle, ou une interprétation personnelle du sujet.

---

[1] C'est cette différence de perception, et l'absence d'acuité de certaines régions de la rétine, qui donnent à la vision monoculaire un avantage pour l'examen d'une image sur une surface plane qui, lorsqu'elle est examinée avec un œil, donne la sensation d'une sorte de *relief* et qui semble être *plus plate* lorsqu'on ouvre brusquement l'autre œil.

Mais l'œil possède en outre un élément important ; c'est un **diaphragme** appelé *iris*, qui est constitué par une membrane opaque percée d'un trou central dont le diamètre peut augmenter ou diminuer *instinctivement*, pour laisser passer plus ou moins de lumière vers la rétiue, partie très sensible, et qu'une forte lumière peut paralyser au point de la rendre inerte.

Dans la photographie à la chambre noire le rôle du diaphragme est des plus importants, comme nous le verrons. (V. page 19)

EMPLOI ET CONSTRUCTION DES TROUS STENOPEIQUES

J'ai fait de 1888 à 1892 diverses communications sur l'utilisation des petits trous que M. le Commandant Colson a appelé " Sténopés ". Depuis on a beaucoup parlé et écrit sur l'emploi et sur la construction de ce moyen de photographier un sujet, on a dit quelques erreurs, je crois devoir les rectifier par des faits et des exemples.

Je rappellerai les qualités, pour les photographes, de ce petit appareil que tous devraient avoir en poche pour certains cas, comme l'a conseillé M. Davanne, et que je vais résumer.

L'examen de la marche des rayons traversant l'ouverture prouve que : 1° l'image est la projection géométrique exacte, sur un plan vertical et parallèle au sujet, donc utilisation pour l'enseignement de la perspective et le calcul des distances ; 2° l'amplitude de l'angle augmentant à mesure que l'on éloigne du trou la surface réceptrice, le tableau augmente proportionnellement, d'où possibilité d'avoir, du même point, *sans déplacer le pied ou la chambre*, en modifiant simplement, à l'aide du soufflet, la distance du trou, l'ensemble d'un sujet ou l'une de ses parties agrandie comme avec une trousse d'objectifs, par conséquent d'avoir un monument en entier, *si faible que soit le recul dont on peut disposer ;* 3° mise au point *pratiquement* inutile, dans de larges limites ; 4° Suppression possible, dans la reproduction d'une gravure, des tailles ou des points (il suffit de ne pas surexposer pour obtenir ce résultat) ; l'application par les chromistes de cette propriété du sténopé est par suite indiquée. Cet appareil est indispensable aux géomètres et aux architectes, et surtout aux explorateurs.

Les inconvénients du sténopé sont les suivants : 1° la lenteur d'impression de l'image, par suite du faible éclairement produit par le petit trou ; avec les plaques très rapides on peut obtenir en cinq secondes, avec un trou de 4/10° de millimètre et une distance focale de 100$^{m}/^{m}$ la reproduction d'un monument bien éclairé ; cette lenteur d'impression est *un avantage* lorsque l'on veut éviter la reproduction, sur l'image du sujet, des accessoires inutiles en mouvement et qui nuiraient sur le sujet fixe principal ; 2° la difficulté de la mise en plaque du tableau, invisible, par le faible éclairement, sur le verre dépoli ; il suffit de mettre l'appareil de niveau, d'évoluer d'un demi-tour l'appareil en substituant au sténopé un trou de quatre millimètres, l'opérateur se sert de ce trou comme de celui d'un iconomètre dont le cadre est l'ouverture de l'appareil libre du verre dépoli ; le tableau encadré, on tourne l'appareil d'un demi-tour, le sténopé est mis en place et l'on peut opérer avec certitude (1) ; 3° le peu de netteté de la reproduction ; j'ai démontré que par la surexposition on augmente la netteté en précisant les ombres. Il convient de ne pas embrasser un angle de plus de 90°, pour que la netteté, sur les bords de l'image, diffère peu de celle de la partie centrale. Employer un anti-halo à la plaque.

On a proposé de remplacer le trou rond par un trou carré, au point de vue scientifique il est inutile d'en montrer l'erreur (2) ; au point de vue pratique les figures 1, 2, 3 agrandissements ci-dessous, de deux trous carrés d'appareils recommandés comme parfaits, coûtant 14 fr. l'un, et d'un trou rond fait par moi, en quelques minutes on a ainsi la preuve que les premiers ont une figure dont les côtés sont ondulés, non parallèles, dont les angles sont arrondis, l'un a des bavures, le rond, au contraire, est régulier.

Agrandissement de trous de 0 m/m 3
(environ : 40 fois fig. 1 et 2, 30 fois fig. 3)

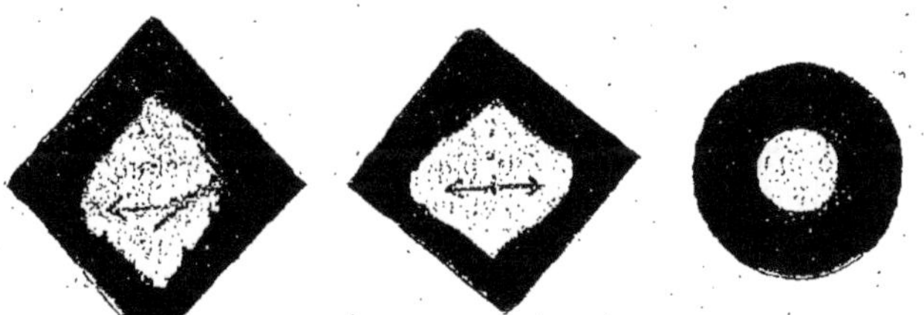

Fig. 1 Fig. 2 Fig. 3

(1) Il faut observer que si l'axe de rotation sur le pied, n'est pas au milieu de la distance entre le trou sténopéique et la plaque sensible on devra, après la rotation, conserver la même excentrage de l'axe de rotation au chassis négatif.

(2) Nous citerons deux faits cependant pour ceux qui ont été « emballés » dans cette fausse idée de la supériorité du trou carré ; lorsque les rayons émis par un *point lumineux éloigné* (tel que le soleil par rapport à sa distance de la terre) traversent un trou à contours irréguliers la tache éclairée est ronde ; tous les traités de physique citent cet exemple sans en indiquer la raison ; la voici :

Un examen élémentaire démontre que les cercles que l'on peut inscrire dans les quatre espaces angulaires d'un carré, circonscrivant un trou central de 3/10 de millimètre, ont un diamètre de 4/100 de millimètre.

On voit donc que, en outre de la diffraction qui se produit, un trou irrégulier ne peut apporter un appoint de lumière constatable pratiquement.

Nous allons indiquer le moyen simple et facile d'obtenir les trous absolument ronds et sans bavure (1).

Les auteurs qui ont indiqué d'utiliser un papier noir et d'y percer un trou avec une aiguille rougie au feu n'ont jamais réussi ce travail, de même pour obtenir un trou, *sans bavure*, dans une feuille de clinquant, il faut pour avoir un trou rond parfait, que la feuille métallique soit en laiton et de 1/10 de millimètre au moins, un métal mou n'est pas utilisable.

Avant de percer le trou, on place sur un morceau de verre une carte ou un papier épais, puis dessus, la feuille métallique à percer. On trace un cercle à l'encre pour retrouver l'endroit où le trou sera percé.

Au milieu du tracé on applique verticalement la pointe d'une aiguille d'environ un millimètre de diamètre (N° 2) avec un outil quelconque on donne un coup sec sur le chas de l'aiguille ; elle perce le métal et la carte, qui étant molle, facilite le bombage du métal du côté du verre, avec du papier d'émeri très fin, collé sur un bouchon, on use la petite bosse du métal ce qui produit un trou rond, on passe dans ce trou une aiguille calibrée un peu plus faible que le diamètre déterminé par la grandeur du cliché que l'on veut obtenir (3/10 de millimètre pour 9×12 ; 4/10 pour 13×18 ; 5/10 pour 18×24). Il est *pratiquement* impossible d'introduire une tige ronde dans un trou de même diamètre. On commence par passer la pointe, en tournant légèrement l'aiguille sans atteindre la partie cylindrique, on produit une bavure légère que l'on use, comme pour la bosse, puis on remet l'aiguille en l'avançant dans le trou, nouvelle bavure, enlevée au papier d'émeri ; lorsque la partie cylindrique traverse le trou, il ne reste plus grand chose à faire pour enlever les dernières bavures et avoir un trou rond. Pour cela, il faut enlever les poussières métalliques qui environnent le trou ; on utilise une petite brosse ronde, appelée poncif, en faisant pénétrer les poils dans le petit trou. Cette opération doit être faite chaque fois que l'on utilise le sténopé. Il est essentiel de brosser la plaque, tenue horizontalement vers le plafond et *la brosse en dessous*, pour éviter que les poussières bouchent le trou.

Mais les aiguilles du commerce n'ont pas exactement les dimensions 3/10 4/10 5/10 et pour la pratique on peut prendre celles que l'on trouve dans le commerce sous des numéros.

---

(1) On peut voir, tous les mercredis, au bureau du journal, 17, rue des Moines, des clichés de 0m50 à 1m00, obtenus avec le sténopé.

Au lieu de $\frac{3}{10}$ soit le n° 16 = $\frac{2,7}{10}$ ou n° 12 = $\frac{3,3}{10}$

Au lieu de $\frac{4}{10}$ soit le n° 11 = $\frac{3,8}{10}$ soit le n° 10 = $\frac{4,1}{10}$

Au lieu de $\frac{5}{10}$ le n° 9 = $\frac{5,2}{10}$ (1).

Mais il faut vérifier ces aiguilles car sous le même numéro il y a des grosseurs sensiblement différentes par erreur probablement, il faut donc toujours les calibrer au palmer.

Nous avons dit que la latitude entre la mise au point est très grande, et qu'il convient de ne pas dépasser l'angle de 90° cela nous donnera la distance de la plaque au trou dans les environs de 150 millimètres pour un trou de 3/10, de 200 pour un trou de 4/10 ; de 300 pour un trou de 5/10 de millimètre. L'écart entre ces points peut être de 50 m/m en plus ou en moins.

On trouvera dans les ouvrages du commandant Colson (2) du colonel Rouyer (3) des renseignements très intéressants sur la photographie avec un sténopé. Ce dernier auteur indique *qu'au point de vue théorique* l'emploi des trous carrés, est contraire à *toute théorie raisonnée* de la formation des *images*, nous l'avons écrit bien des fois, nous montrons aujourd'hui par des agrandissements que *pratiquement* un trou carré exact est plus difficile à obtenir qu'un trou rond et si dans un ouvrage récent un de nos confrères le préconise c'est qu'il n'a examiné la question que très superficiellement, il a trop l'habitude des questions théoriques pour ne pas être de notre avis ; son ouvrage est intéressant cependant (4).

Nous avons cru utile de publier cet article sur le sténopé il rectifiera les erreurs des auteurs qui ont le tort d'écrire sans vérifier si la pratique justifie leurs assertions.

En résumé, le photographe devra acheter de bons objectifs rapides, mais il lui est indispensable de posséder un sténopé, comme ressource, lorsque le foyer de son objectif ne lui permettra pas d'obtenir la photographie désirée.

L'OBJECTIF PHOTOGRAPHIQUE

Lorsque les sujets à photographier sont en mouvement il faut opérer rapidement et on doit utiliser les ressources les plus perfectionnées de l'Industrie pour obtenir ce résultat ; c'est ainsi

(1) A titre obligeant, nous enverrons, recommandée à *nos abonnés seulement* contre 0 fr. 70, une collection des aiguilles calibrées au palmer et montées sur bouchon, des bouchons garnis d'émeri, 6 petites plaques percées et prêtes à être terminées.

(2) (3) Chez Gauthier-Villars, 55, quai des Grands-Augustins.

(4) Niewengloski, chez Mendel, 118, rue d'Assas.

que l'on est arrivé à l'objectif moderne en passant d'abord par la lentille convergente, connue sous le nom populaire de verre grossissant dont la propriété principale est de réunir en un centre axial appelé *foyer*, les radiations reflétées par les différents points d'un sujet; une lentille est donc une « collectrice » de radiations.

La lentille convergente donne une image plus lumineuse que le trou sténopéique, qui ne laisse pénétrer que les rayons directs, parce qu'elle réunit un plus grand nombre des reflets indirects ou divergents de chacun des points d'un sujet [1].

Il en résulte donc que la luminosité augmentera avec le diamètre de la lentille. Mais si, pour certaines photographies, elle peut être admise, la simple lentille convergente présente des défauts sérieux, qualifiés **aberrations** que l'opticien seul peut éviter et sa science n'est pas encore parvenue à les corriger tous absolument.

On les a diminués en accollant de une à quatre autres lentilles et en formant ainsi des objectifs achromatiques en un simple groupe ; ou mieux en réunissant deux et trois de ces groupes dans un même objectif ; ce sont les objectifs doubles.

Nous allons donc résumer le grand nombre des objectifs en quatre catégories.

1° L'objectif à portrait ; 2° l'objectif *rectiligne* dit *aplanétique* ; 3° l'objectif *grand-angulaire* ; 4° *le téléobjectif*.

L'objectif à portrait rentre dans le domaine du photographe professionnel ; l'objectif *rectiligne aplanétique* peut se diviser en deux catégories ; 1° ceux dont la longueur focale est au moins égale à la diagonale de la plaque sensible ; 2° les *anastigmats* ; enfin les objectifs dits *grands-angulaires*, permettent de photographier des objets très rapprochés, en embrassant un grand angle par conséquent au risque d'une déformation.

Dans l'objectif à portrait la question de luminosité domine au dépens de l'angle de champ net, qui constitue le plan vertical de l'image.

Dans le grand-angulaire cette luminosité est au contraire réduite pour conserver un grand angle le plus net possible.

Dans les objectifs aplanétiques, dans les anastigmats la netteté et la luminosité doivent être aussi parfaites que possible, et entre deux objectifs le meilleur est celui qui se rapprochera le plus de ces deux conditions.

---

[1] Ce dont il faut se pénétrer, entre autres faits, c'est qu'un point quelconque d'une surface, plane ou courbe, reflète des radiations, comme une bougie placée au centre d'une sphère, certaines sont arrêtées par ce qui constitue le support comme par exemple le coton de la bougie, ces radiations rayonnantes sont les unes directes, ce sont celles qui pénètrent dans le trou sténopéique.

Depuis quelques années on utilise un objectif spécial, dit *télé-objectif,* qui participe à la fois pratiquement aux propriétés et aux défauts des rectilignes et des grands-angulaires.

Il permet d'obtenir des grossissements considérables de points très éloignés, mais il sort du domaine de la photographie courante. (Avec une longue pose on obtient par le sténopé des images de sujets très éloignés).

Sous le nom de *téléphote*, Boissonnas, de Genève, a propagé une chambre spéciale permettent également les photographies agrandies dans le genre du téléobjectif, son volume est très réduit.

TABLEAU COMPARATIF (1)

des qualités respectives

d'un trou sténopéique,	d'une lentille (objectif)
Image peu lumineuse.	Image lumineuse.
Image peu nette.	Image nette
Mise au point inutile.	Mise au point nécessaire.
Pas de foyer principal.	Foyer principal.
Pas de distance focale principale.	Distance focale principale.
Pas de distance hyperfocale.	Distance hyperfocale.
Pas de foyers conjugués.	Foyers conjugués.
Relation de grandeur de l'image à l'objet, influencée uniquement par la distance de l'objet au petit trou.	Relation de grandeur de l'image à l'objet, influencée non seulement par la distance de l'objet, à la lentille mais encore par la distance focale principale de la lentille.

Le diaphragme. Nous avons indiqué, dans ce Manuel, les conditions anatomiques de l'œil humain pour ce qui rapproche l'appareil photographique de ses conditions fonctionnelles. L'œil possède un élément important *l'iris*, qui existe dans l'objectif sous le nom de *diaphragme,* nous avons défini ses fonctions, il doit être la " clé de voute " du photographe, nous en faisons une des bases de notre méthode.

La chambre noire photographique a pour fenêtre le trou percé dans la paroi faisant face à la plaque sensible et dans laquelle on place l'objectif.

Cette fenêtre doit être la plus large possible. Le diamètre de l'ouverture est limité par la difficulté de fabrication de l'appareil optique, par suite des aberrations dont l'importance augmente, dans les grandes dimensions.

(1) Extrait du *Traité-guide de Photographie* par H. Reeb. Px., 1.75, r. 24, Jouffroy.

On sait que pour évaluer l'éclairage d'un sujet dans un local quelconque, on doit tenir compte : 1° de la grandeur de la fenêtre 2° de la distance du sujet à la fenêtre ; Désignons la grandeur de la fenêtre par D (en la supposant ronde) ; puis par F, la distance qui sépare le sujet de la fenêtre ; un physicien démontrera, ce que à première vue on reconnaît, que l'expression $\frac{F}{D}$ permettra d'exprimer la luminosité qui éclairera le sujet, soit un écran par exemple, placé dans une chambre n'ayant qu'une fenêtre. Cette expression fractionnaire doit être pour le photographe, celle qui le renseignera immédiatement sur la valeur de l'outil, c'est-à-dire de l'appareil qu'il a en main. F sera la longueur focale de l'objectif et D le diamètre du trou du diaphragme qu'il a l'intention d'utiliser.

Quelles que soient les dimensions de l'objectif cette expression $\frac{F}{D}$ indiquera pratiquement sa rapidité ; si les colorations des verres sont identiques (V. page 22).

			A	B	C
EXEMPLE :	Distance focale ;	F	0m15	0m60	0m60
	Diamètre *utile* du diaphragme..	D	0m05	0m20	0m10
	Rapport d'intensité ;	$\frac{F}{D}$	1/3	1/3	1/6

On voit donc que $\frac{F}{D}$ est identique pour A et B, mais que pour C en diminuant de moitié le diamètre du diaphragme ce rapport n'est que de $\frac{1}{6}$. La rapidité relative des deux objectifs B et C s'évalue facilement il suffit d'élever au carré les rapports 3 et 6 soit $3\times3=9$; $6\times6=36$; or $\frac{36}{9}=4$ (1) B sera donc 4 fois plus rapide.

Si un sujet quelconque exige une pose de une seconde avec l'objectif C avec le diaphragme de B on posera quatre fois moins (on peut faire ses calculs mentalement) par l'exemple ci-dessus, on comprendra facilement l'utilisation des différents diaphragmes pour le temps de pose, en les comparant.

Le congrès de 1900 a fait admettre par la commission internationale la règle suivante pour exprimer le rapport $\frac{F}{D}$ 1° *Chaque diaphragme sera caractérisé par une fraction de la forme $\frac{F}{N}$, où n* (2) *est le nombre obtenu en divisant* la distance focale absolue *de l'objectif par le* diamètre utile *du diaphragme*

---

(1) La relation $\frac{F}{D}$ n'exige pas ce calcul, nous ne l'indiquons que pour préciser la rapidité.

(2) La commission a remplacé D par *n*. Les " Savants " modernes cherchent rarement à imager leurs formules en adoptant la première lettre de chacun des éléments représentés par un signe alphabétique ; heureux le lecteur quand les lettres grecques ne compliquent pas son incertitude pour la mnémonique de ses souvenirs.

2° *Il sera employé pour tous les objectifs une série unique de diaphragmes, en ce sens que les diamètres utiles devront* toujours appartenir à la progression (1).

$\frac{F}{1}$	$\frac{F}{1.4}$	$\frac{F}{2}$	$\frac{F}{2.8}$	$\frac{F}{4}$	$\frac{F}{5.6}$	$\frac{F}{8}$	$\frac{F}{11.3}$	$\frac{F}{16}$	$\frac{F}{23}$	$\frac{F}{32}$	$\frac{F}{45}$
Coefficient de clarté			0.08	0.16	0.31	0.64	1.28	2.56	6.29	10.24	20,25

Nous ne développerons pas l'expression *coefficient de clarté ;* céla nous entraînerait à des critiques inutiles ici ; il suffit de faire remarquer : que l'expression fractionnaire de la commission, exprimant le rapport du diamètre du diaphragme pour un objectif dont le foyer est égal à l'unité, il suffit d'élever au carré chaque dénominateur pour l'établir ; on remarquera ainsi que les différents coefficients de clarté sont dans un rapport simple de 2 et que, par conséquent, chacun d'eux est le double de celui qui le précède et la moitié de celui qui le suit, d'où la conséquence : *étant donné* le temps de pose pour un diaphragme, on aura facilement le temps de pose pour tous les autres, par un calcul mental.

Le diaphragme est donc un régulateur pour la luminosité reçue sur la surface sensible. En supprimant, lorsqu'on diminue son diamètre, une partie des rayons marginaux, qui souvent troublent la netteté que l'on obtient avec les rayons centraux, on lui reproche, dans ce cas, de rendre plus plate la netteté de l'image, les différents plans étant également nets ; ce que l'on appelle la *perspective aérienne* étant ainsi supprimée ; par contre la latitude dans la *mise au point* ou *profondeur de foyer* du sujet est plus étendue ainsi que la *profondeur du champ embrassé* (V. page 53).

L'obturateur photographique. — La grande sensibilité des surfaces photographiques permet d'obtenir l'image des sujets en mouvement il faut donc opérer dans des temps d'autant plus courts que la rapidité du sujet est plus grande ; la conséquence de ceci est que l'obturation de l'objectif, à l'aide d'un bouchon ôté et replacé à la main, sur l'orifice du susdit, est trop lente pour la photographie dite *instantanée,* bien que la durée de l'exposition soit toujours évaluée. Il a été imaginé une série innombrable d'obturateurs plus ou moins compliqués. Dans notre étude sur le temps de pose (V. page 25) nous en parlerons. On peut les classer en deux catégories ceux qui sont placés sur l'objectif ou dans le tube de l'objectif et ceux qui sont montés à l'arrière de l'appareil, de façon à ce que le volet ou le rideau obturant soit le plus près possible de la surface sensible. Ces derniers, par leur disposition, ont autorisé les cons-

---

(1) Qui n'est que l'expression $\frac{F}{D}$ dans laquelle F est supposé être égal à l'unité et D le diamètre du diaphragme.

tructeurs à assurer, *sur leurs prospectus*, des vitesses d'obturation allant jusqu'à $\frac{1}{1000}$ de seconde ; lorsque l'on dépasse $\frac{1}{100}$ de seconde avec ceux placés sur l'objectif, on compromet, par l'ébranlement de l'appareil, la netteté de l'image ; heureusement pour l'acheteur il est rare que la vitesse dépasse le $\frac{1}{100}$ de seconde pour ces derniers, malgré l'avis du prospectus.

Si on ne connaît pas la construction de l'obturateur, il est essentiel de demander aux *fabricants* (les marchands l'ignorant très souvent) le point de repos du ressort pour éviter qu'il soit tendu lorsqu'il n'est pas utilisé. Une tension continue fatigue les ressorts et modifie considérablement la vitesse de l'obturateur.

La mise au point — Nous avons vu : que tous les points d'un sujet doivent traverser l'orifice frontal de la chambre noire pour former son image sur la paroi opposée, et qu'un point de convergence, appelé foyer, était la caractéristique du système optique utilisé ; mais cette convergence n'est rigoureuse et unique, pour chaque système optique, que lorsque le sujet est à une distance d'environ 100 fois celle qui sépare le verre dépoli du centre du système optique quel qu'il soit, lentille ou objectif (V. page 18).

On dit, dans ce cas, que le sujet est à l'*infini* et la distance du foyer est presque immuable. Le maximum de netteté de l'image est dans cet état de l'appareil photographique. On démontre dans les traités d'optique : que si le sujet est à une distance moindre que celle dite à l'infini, on doit reculer la paroi sur laquelle l'image *est au point*, proportionnellement ; ce but est atteint en faisant les parois latérales de l'appareil en étoffe extensible ou mieux comme un soufflet d'accordéon, dans le type d'atelier et folding.

Il est rigoureusement nécessaire que la partie intérieure du châssis où l'on place la surface sensible, soit parallèle à la face sur laquelle l'objectif est monté et en outre que cette surface sensible occupe la même place que le côté dépoli du verre sur lequel on met au point. Il faut vérifier avec soin cette condition.

ACTION DE LA LUMIÈRE SUR LES SURFACES PHOTOGRAPHIQUES

L'exposition à la lumière d'une surface sensible est délicate pour tout photographe, elle est la principale opération de la photographie bien qu'au premier abord, elle ne consiste qu'à découvrir l'objectif, après avoir mis la surface sensible en relation avec la chambre noire. Mais, suivant la durée de cette exposition, la surface sensible sera plus ou moins modifiée et cette modification sera plus ou moins rendue apparente par le réactif dit *révélateur* ; si l'exposition est trop longue le réactif n'agit pas, aucune image n'apparaît; on dit que la plaque est *solarisée* (1); mais l'inertie absolue ne se produit que successivement et par gradation d'intensité; à un certain moment, qui dépend de la sensibilité de la préparation photographique, des gradations, des tonalités du sujet, semblent se renverser et le résultat du développement est une image semblable au sujet, c'est-à-dire *positive*, on lui donne le nom de *contretype*.

Si les reflets des différents corps de la nature avaient la même énergie, l'opération serait simple ; mais on peut constater facilement que l'énergie d'une même coloration est différente, non seulement pour les reliefs, qui ne sont visibles que par le jeu de la lumière dans le modelé de leurs surfaces, mais encore par la coloration et l'intensité de cette lumière qui les éclaire et qui modifie leurs tonalités. ( ) A la tombée du jour les nuances claires s'assombrissent au point de paraître noires à la vue et les teintes foncées semblent au contraire devenir plus claires, l'œil dans les éclairages faibles perçoit plus facilement les nuances délicates, la surface sensible n'est pas affectée, comme l'œil, par ces différences; en outre les contrastes dus aux radiations voisines qui modifient une couleur sont sans effet sur une surface photographique, qui les traduit par des gris, qui ne produisent pas sur l'œil les contrastes définis par Chevreul (simultanés, successifs, etc.)

La surface photographique ne rend pas cette différence sensible pour l'œil et il y a là une cause de trouble dans l'appréciation du temps de pose dont l'opérateur doit tenir compte semble-t-il. Mais il en existe également une autre : deux couleurs différentes peuvent avoir une même luminosité bien que très tranchantes entre elles comme tonalité puisque nous les différençons. Enfin : nous avons vu que les différentes colorations n'agissent pas également sur la surface sensible qui enregistre difficilement les teintes les moins réfrangibles (les jaunes et les rouges). Des cas d'insuccès peuvent donc être justement attribués

(1) On donne le nom de solarisation au phénomène que l'on constate, sans l'expliquer nettement, et qui consiste dans une inertie, allant jusqu'à l'absolu, des surfaces sensibles lorsque l'exposition a été d'une trop longue durée. Si cette **surexposition** n'est pas excessive on peut utiliser la plaque photographique en la traitant par des *correctifs* appelés *renforçateurs* ou affaiblisseurs, comme nous le verrons.

On profite de cette particularité, analogue, à l'action de la lumière sur la rétine, dans le cas où les sujets à photographier ont de grands contrastes : on surexpose, les parties très claires du sujet sont moins opaques, que dans une exposition normale, on a ainsi un cliché moins dur; c'est un *tour de main*, mais il faut une plaque anti-halo.

(2) Monpillard est le seul auteur qui ait paru s'étonner que Léon Vidal indique que les ombres sont colorées, il semble que pour lui l'ombre est le noir sans couleurs !!!

à ces anomalies d'apparence et il faut cependant que la plaque photographique rende exactement par une gamme en gris les nuances colorées du sujet, comme l'œil les distingue.

Les fabricants mettent à la disposition des photographes des plaques dites *orthochromatiques* et *panchromatiques*, qui sont préparées de façon à ce que leurs surfaces sensibles aient la propriété d'être impressionnées, à peu près également par les différentes couleurs, surtout si l'on modère l'action des radiations bleues, en opérant lorsque la lumière est claire. Lorsque les sujets ont des contrastes heurtés ou violents on profite, avec les plaques ordinaires, du phénomène appelé solarisation pour avoir une modification de la surface sensible, telle qu'elle donnera une gamme de tonalités qui traduira en gris proportionnels les valeurs relatives du sujet photographié. Une légère surexposition a une tendance à diminuer les contrastes et à aplatir les tonalités d'un sujet, car nous avons vu qu'elle rend les parties solarisées moins opaques. (V. page 23).

Pour juger de l'activité des *rayons chimiques* de la lumière dit *pouvoir actinique*, on a proposé d'utiliser des petits appareils plus ou moins simples appelés les uns *photomètres* qui sont basés : sur l'impression, plus ou moins vive, que la lumière ambiante produit sur l'œil après avoir traversé une ouverture, variable comme la pupille ; les *autres* sont nommés *actinomètres*, leur graduation étant faite d'après les colorations que la lumière ambiante produit sur des surfaces sensibles sans l'intervention d'un réactif ou révélateur.

Ces dispositifs sont utilisables mais nous devons signaler ce qu'on leur reproche.

Pour les photomètres : de supposer que les colorations agissent sur l'œil de la même façon que sur les substances sensibles à la lumière, les radiations les plus sensibles pour l'œil le sont peu sur les substances utilisées, pour les surfaces photographiques.

Pour les actinomètres : d'utiliser des substances sensibles qui n'ont pas le même « amour » pour les rayons lumineux que la surface sensible destinée aux clichés ; de plus ils sont lents à donner l'indication utile et alors l'actinisme de la lumière peut ne pas être le même au moment de l'opération.

D'un autre côté les différents inventeurs ont pour l'utilisation de leurs dispositifs des avis différents : les uns présentent leurs appareils à la source de lumière ou à la lumière ambiante en tenant compte, à l'aide d'une table, de l'aspect plus ou moins lumineux du sujet ; les autres dirigent la surface sensible, de leurs dispositifs, vers le sujet en ajoutant un coefficient pour les contrastes qu'il peut présenter ; ils devraient être garnis d'un parasoleil dans ce cas.

En résumé l'habitude et l'intelligence de l'observateur peuvent seules en faire recommander l'usage ; que l'on consulte son degré de patience avant de les étudier.

Des tables de différentes formes ont été mises en vente ; certaines comme celles de Chaux, de Brunel, etc. ont demandé un grand travail à leurs auteurs, *le crible photographique* de Français a exigé des années d'études.

Pour prendre un moyen terme et adopter une base indiquant une exposition suffisamment exacte avec le développement automatique nous indiquons une méthode pour la durée de l'exposition.

Le Temps de pose en Photographie

On a l'habitude de dire et d'écrire que la principale difficulté en photographie pour l'obtention d'un *bon négatif* est l'appréciation du temps pendant lequel la surface sensible est exposée aux différentes radiations réfléchies par le sujet dont on veut avoir intégralement l'image. Cette durée dans l'exposition serait *unitive et indivisible* pour la plupart des photographes et leur seule concession est une division arbitraire sur laquelle chaque auteur s'appuie sur ce que l'on a publié après avoir codifié le passé ; tout cela sans expérimenter.

Les fabricants d'obturateurs, embarrassés, ont pour ne pas avoir de réclamation, disposé leurs appareils pour fournir des vitesses multiples d'obturation ils rentrent ainsi dans toutes les prescriptions des auteurs.

Voici pour les obturateurs de plaques les plus récents ce que les fabricants indiquent.

	Tension du ressort	Largeur de la fente en millimètres	Gradation de l'obturation
Belliéni	11	5	55 de $\frac{1}{40}$ à $\frac{1}{500}$
Thorton Pickard...	7	5	35 de $\frac{1}{25}$ à $\frac{1}{1000}$
Krauss...........	10	12	120 de $\frac{1}{2}$ à $\frac{1}{1250}$

On voit de 55 à 120 degrés ; et comme nous pouvons faire varier la fente par $\frac{1}{4}$ de millimètre et qu'il y a huit diaphragmes avec les objectifs à F 4.5 on arrive donc pour les obturateurs Krauss à $10 \times 48 \times 8 = 3840$ temps de pose en les combinant.

Nous sommes loin de l'unique vitesse des excellents appareils : photo-jumelle Carpentier, Verascope, Kodak, etc., etc., qui, avec cette vitesse unique et trois diaphragmes, ont amené à la Photographie des milliers d'adeptes. Nous nous hâtons d'ajouter que les " reporters " actuels qui ont un grand nombre *d'instantanés* à prendre dans des conditions très peu favorables n'utilisent qu'une vitesse (entre $\frac{1}{25}$ et $\frac{1}{50}$ de seconde,) et notre but par ces exemples est de montrer les difficultés de la tendance actuelle.

Il faut donc revenir à l'ancienne pratique, si l'on désire faire progresser la Photographie ; c'est ce qu'un américain vient de faire avec un obturateur qui a son grand succès : une seule vitesse et six diaphragmes.

Notons en passant que sous les méticuleuses graduations on trouve fréquemment des différences notables. Notre habile et savant collègue Albert Londe, qui a étudié la question de la photographie dite instantanée sous ses différents aspects, indique dans son excellent ouvrage, " La Photographie moderne ", les différences constatées par lui sur des obturateurs d'objectifs de bonnes marques.

Indications du Fabricant	Vérifications Albert Londe	Indications du Fabricant	Vérifications Albert Londe
$\frac{1}{50}$ de seconde	$\frac{1}{35}$ de seconde	$\frac{1}{125}$ de seconde	$\frac{1}{70}$ de seconde
$\frac{1}{100}$ —	$\frac{1}{25}$ —	$\frac{1}{250}$ —	$\frac{1}{100}$ —
$\frac{1}{110}$ —	$\frac{1}{70}$ —	$\frac{1}{500}$ —	$\frac{1}{100}$ —

On trouvera dans le numéro d'octobre 1906 de l'Information photographique des différences plus fantaisistes et Namias, dans un numéro de Photo-Revue de 1908, est plus stupéfiant encore.

Cependant la vitesse de l'obturateur est la mesure à laquelle aboutissent tous les auteurs d'actinomètres, de photomètres, de tables de temps de pose du monde entier ; pour l'exactitude de ces dernières le colonel Houdaille les place au rang des Almanachs pour la prédiction du beau ou mauvais temps et Wallon, qui n'en est pas plus partisan que nous, dit avoir voulu les comparer et il aurait trouvé, pour le même sujet à photographier, des temps de pose de 5 minutes à $\frac{3}{4}$ d'heure suivant les tables consultées. Nous soumettons impartialement ces avis et exposons des faits car nous sommes, sans parti pris, et à la recherche d'une solution depuis plus de 30 ans. Aujourd'hui nous en soumettrons une avec expériences à l'appui.

Nous venons de dire que, pour consolider son travail, chacun des auteurs s'appuyait sur ses devanciers pour définir les *facteurs variables* (sic) qui influent sur l'établissement d'un temps pose pour un sujet déterminé. Un des auteurs les plus cités fixe à 24 le nombre de ces facteurs variables pour 33 sujets différents *à l'extérieur* on voit donc le travail considérable que nécessite la confection de telles tables. Une des plus simples (¹) est celle de Cousin et Huillard, ce dernier est cependant un amateur des plus méticuleux. Examinons pour un cas bien déterminé et simple ce que ces auteurs conseillent. Le soleil éclaire, à midi le 1er Juillet, les 33 sujets et nous ne voulons utiliser qu'un diaphragme F/10. Voici les temps de pose indiqués en fractions de secondes.

Pour les nuages $\frac{1}{250}$, les lointains $\frac{1}{125}$; ensuite toutes les vitesses pour les autres cas, $\frac{1}{50}$ $\frac{1}{40}$ $\frac{1}{30}$ $\frac{1}{25}$ $\frac{1}{12}$ $\frac{1}{6}$ $\frac{1}{4}$ $\frac{2}{3}$ soit 10 vitesses pour les 33 cas à l'extérieur.

Nous allons comparer ces vitesses avec les résultats obtenus en utilisant les plaques rapides du commerce, par notre méthode qui consiste à prendre, *sur une même plaque*, successivement, à des vitesses égales de 8 à 10 impressions d'un sujet (bâtiment, rideau d'arbres verts de même tonalité, panorama, etc. etc). Après chacune des impressions on ferme le volet du châssis, de un centimètre environ ; on développe dans le bain automatique dont nous avons donné la composition. (v. page 63) Chacune des impressions constitue donc un cliché qui a une impression de plus que le précédent, après développement on peut examiner et noter celui qui est le plus complet et dresser ainsi un tableau des résultats.

Si on fait cet essai sur un bâtiment éclairé directement par le soleil et ayant un balcon qui forme une ombre, bien éclairée du sujet, on peut saisir également le cliché où les consoles de ce balcon, qui sont dans l'ombre, apparaîtront après des impressions n, on a ainsi deux résultats d'éclairement sur la même plaque. Celui du soleil plus loin celui de l'ombre.

Il est inutile d'insister sur l'économie, l'exactitude etc, de cette méthode et sur son intérêt.

En résumé elle nous a permis, de constater que l'on peut en Juin, Juillet, Août, évaluer l'éclairement du soleil à 8 fois celui d'un ciel sans nuage. Nous faisons nos essais avec le diaphragme F/45 pour les sujets éclairés directement par le soleil et le diaphragme F/16 pour l'ombre bien éclairée en employant dans les deux cas (rapport 1 à 8) la même vitesse $\frac{1}{50}$ de seconde (¹).

Nous avons déterminé en opérant ainsi, sur un bâtiment éclairé par le soleil la latitude du temps de pose (²) ; pour pousser nos essais plus loin nous avons, après chacune des impressions, pris un diaphragme plus grand ; chacun des clichés a donc reçu deux impressions en plus que son voisin le précédant.

(¹) Elle s'appuie sur deux tables publiées précédemment

(²) Voir *Moniteur de la Photographie*, 31 Juillet 1908 et 1909.

Le cliché *terminus* au diaphragme F/4.5 a reçu 255 fois l'impression du premier cliché F/45 ; ce premier cliché n'est pas complet mais le second à F/32 est excellent il est représenté par l'expression 2 n soit $2 + 1 = 3$, à la vitesse de $\frac{1}{50}$ de seconde d'où $\frac{3}{50} = \frac{1}{16}$ de seconde. Donc l'impression du cliché *terminus* est égale à $\frac{255}{3}$ ou 85 fois celle donnant un bon cliché du bâtiment. Ce cliché *terminus* est encore d'une diaphanéité suffisante pour donner une bonne épreuve.

Nous rappelons que pour notre méthode il faut utiliser un anti-halo et développer automatiquement (V. page 40)

En résumé par cette méthode, expérimentale et exacte croyons-nous, nous avons constaté que pendant les mois de Juin, Juillet, Août on peut obtenir au diaphragme F/10 à l'éclairage direct au soleil 1° un bon cliché d'un bâtiment jaune clair ayant des persiennes blanches en $\frac{1}{80}$ de seconde 2° un cliché valeurs égales d'un rideau d'arbre, feuillage de ton moyen (marronnier) en $\frac{1}{25}$ de seconde. Cela avec des plaques ordinaires n'ayant pas la qualification d'orthochromatisme.

On voit donc la déduction qu'il faut en tirer : c'est que, comme nous l'avons indiqué pour les plaques autochromes, il faut lorsque l'on a un sujet à photographier examiner ce que l'on doit sacrifier dans les valeurs relatives $\frac{1}{80}$ et $\frac{1}{25}$ suivant le sujet.

Il résulte des essais par notre méthode, que nous avons montrés à la Société Française de Photographie, et que nous tenons à la disposition de quiconque désire les voir, que les tables de temps de pose peuvent être plus simplifiées et remplacées par le tableau ci-après (dans l'appendice nous indiquons une simplification p. 62).

B Temps de pose en secondes pour l'extérieur.

Coefficient de clarté	0.20	0.31	0.39	0.64	1.28	2.56	5.29	10.2	20.2
$\frac{F}{D}$	4.5	5.6	**6.3**	8	11.3	16	23	32	45
Soleil	$\frac{1}{250}$	$\frac{1}{160}$	$\frac{1}{128}$	$\frac{1}{80}$	$\frac{1}{40}$	$\frac{1}{20}$	$\frac{1}{10}$	$\frac{1}{5}$	$\frac{2}{5}$
Ombre bien éclairée	$\frac{1}{32}$	$\frac{1}{20}$	$\frac{1}{16}$	$\frac{1}{10}$	$\frac{1}{5}$	$\frac{2}{5}$	$\frac{4}{5}$	2	3.5
Ombre mal éclairée	$\frac{1}{8}$	$\frac{1}{6}$	$\frac{1}{4}$	$\frac{3}{8}$	$\frac{3}{4}$	1 1/2	3	6	12

On augmentera les chiffres ci-dessus de 4 fois de Novembre à Février. (*Le tableau ci-dessus a été dressé suivant les chiffres donnés pour le diaphragme F/6.3 par le colonel Houdaille.*)

Le principe est simple il a pour base la latitude dans l'exposition lorsque l'on remplit les trois conditions suivantes [1].

1° Connaître la vitesse (soit à $\frac{1}{40}$) de l'obturateur *étalonné utile.*

2° Examiner si le sujet est éclairé par le soleil ou par la lumière d'un ciel clair ayant peu de nuages ou s'il est mal éclairé [2]. (Voir plus loin la valeur relative de ce cas)

3° La table ci-dessus, indique donc la vitesse et le diaphragme ; mais nous l'avons dit, il vaut mieux employer un ou deux diaphragmes plus grands qu'un diaphragme plus petit. Un développement automatique assurera, avec le anti-halo de la plaque une diaphanéité au cliché.

Suivant *l'éclat* d'un sujet il y a des temps d'impression nécessairement différents : ainsi prenons comme exemple un éclairage direct au soleil, nous prouvons que l'on peut obtenir à l'extérieur, avec les appareils à main de 9×12 et au dessous de bons clichés avec les plaques rapides ordinaires, des différents sujets suivants :

Éclairage direct du soleil.

A Nature du sujet (V. page 62 un exemple)	Vitesse d'obturation en fractions de seconde	Diaphragmes
Lointains	$\frac{1}{40}$	F/16
Nuages	$\frac{1}{40}$	F/45
Monument jaune clair	$\frac{1}{40}$	F/11
— gris	$\frac{1}{40}$	F/11
Rideau d'arbres vert clair	$\frac{1}{25}$	F/11
— vert foncé	$\frac{1}{12}$	F/11
— tons roux	$\frac{1}{2}$	F/11
Groupes	$\frac{1}{2}$	F/11
Cortèges, Bâteaux en mer	$\frac{1}{40}$	F/11
Rue avec personnages	$\frac{1}{40}$	[illegible]

Si dans le sujet à photographier existe à la fois, une maison avec de la verdure, de la verdure et un groupe, on prendra ce qui exige le plus de pose. Toutes ces vitesses sont des minima.

---

(1) Voir *Moniteur de la Photographie* du 31 Juillet 1909.

(2) Un sujet est mal éclairé lorsque les détails dans les ombres sont à peine visibles sur la glace dépolie au diaphragme F/16. Si l'appareil n'a pas de verre dépoli on utilisera le petit tube dit *Le Duhé à iris* de Duplouich 5, rue du Pont-de-Lodi.

Nous n'employons au soleil que quatre degrés de vitesse *utile*, une de $\frac{1}{40}$ de seconde ([1]) et pour l'obturation cela permettrait d'avoir un obturateur simple peu coûteux. Dans quelque temps toutes les bonnes maisons se chargeront de vérifier à peu de frais la vitesse utile des obturateurs.

La maison Bauch et Lomb fournit en France un genre d'obturateur qui comporte : une seule vitesse (de $\frac{1}{50}$ de seconde) et un déclanchement permettant d'obtenir, à l'aide de la poire en caoutchouc, des obturations, comme avec un bouchon et qui peuvent varier de $\frac{1}{8}$ de seconde à une durée de plusieurs minutes. De petits régulateurs très simples qui se placent sur le tube de l'obturateur permettent en outre une fermeture automatique entre $\frac{1}{10}$ et 3 secondes ; on les trouve à la Société Poulenc frères.

Pour les sous-bois, les endroits sombres ou mal éclairés, nous utilisons la méthode du *diaphragme limité* : la visibilité des détails dans les ombres du sujet servant de guide. On met au point, la tête sous le voile noir bien clos, avec la plus grande ouverture du diaphragme, puis on le diminue en s'arrêtant lorsque les détails des parties sombres sont *à peine* mais encore *distinctement* visibles. *C'est au diaphragme réduit que l'on devra exposer la plaque* pendant *14 à 15 minutes* pour les plaques rapides du commerce quel que soit ce diaphragme limite. C'est simple et suffisamment exact pour donner un cliché utilisable.

Si on veut poser moins on augmente le diaphragme en tenant compte du plus grand éclairement qu'il donne.

Exemple si le diaphragme limite est F/23 en prenant le diaphragme F/11 on divisera mentalement 14 par 4 et on exposera 3^m, à F/4.5 on ne posera que 26 secondes.

Tous les praticiens en réalité posent d'après la visibilité sur le verre dépoli. Les photomètres Degen et Heyde sont basés sur ce principe. Je n'invente rien, je " codifie " simplement.

Pour ceux qui n'ont que des appareils à foyers fixes j'ai fait ajouter au petit tube Le Duhé, de M. Duplouïch ([2]), un diaphragme iris ce qui permet de trouver instantanément le diaphragme limite à utiliser.

On voit la simplicité de cette méthode dérivée de la table de Welcome.

En résumé, nous prouvons que : avec une ou deux vitesses étalonnées et les tableaux ci-dessus, on peut se dispenser des

---

([1]) Nous avons expliqué que suivant le genre d'obturateur et la sensibilité de la plaque employée la vitesse réelle est de 40 à 90 % supérieure à la vitesse utile, c'est cette dernière qui doit servir d'unité de pose. Voir *Moniteur de la Photographie* du 31 Juillet 1909, et page 26.

([2]) Duplouïch 5 rue du Pont-de-Lodi.

tables et calculs pour le temps de pose, des actinomètres et des photomètres. On est certain, nous le démontrons à qui le désire, d'obtenir toujours un cliché utilisable.

Le développement comme complément est automatique, nous l'avons donné bien des fois nous confirmons son utilité (1).

RESUMÉ DE LA MÉTHODE AUTOMATIQUE

Préliminaires à observer

A. On a vérifié la vitesse de l'obturateur (V. page 50).

B. On connaît la sensibilité relative de la surface sensible (V. page 48).

C. On utilise une plaque anti-halo ou ayant un anti-halo sous la couche ou sous le verre de la plaque (V. page 40).

Prise du cliché

1° Examiner si le sujet est éclairé : directement par le soleil (2) ou par une belle lumière mais non au soleil (3) ; ou mal éclairé (4). *Cette classification excellente est due au Colonel Houdeille.*

2° chercher dans la table B le temps de pose suivant le sujet (V. pages 28, 29).

La table A indique le diaphragme minima à employer pour cette vitesse suivant l'éclairage ; mais avec notre méthode de développement automatique les diaphragmes plus grands donneront un cliché plus intense mais utilisable.

Le Développement automatique consiste à employer un des révélateurs que nous indiquons pendant la durée spécifiée en regard de chacun d'eux (V. page 63).

Le développement

Nous avons indiqué l'action de la lumière sur les surfaces sensibles : l'effet est d'abord à l'état *latent* donnant une image *négative*, puis, en prolongeant l'exposition, une image *visible* très faible que le développement semble faire disparaître mais qui en réalité résiste comme nous l'avons démontré, mais à l'état de voile léger noyé en quelque sorte dans l'image inverse, développée, plus vigoureuse dite *contretype* (V. page 23) elle est *positive*.

Ce que l'on appelle l'art du développement d'un cliché consiste à faire apparaître l'image négative complète du sujet photographié

---

(1) (V. page 28).

(2) La définition *au soleil* n'a pas besoin de complément.

(3) *L'ombre bien éclairée* se constate lorsque sur le verre dépoli, ou l'appareil Le Duhé (V. page 30), on voit encore le sujet à $\frac{F}{45}$.

(4) L'ombre mal éclairée est définie lorsque l'on cesse de voir le sujet à $\frac{F}{16}$.

avec ses tonalités inversement proportionnelles, et surtout à éviter l'arrivée de l'image positive.

Un cliché véritablement complet c'est à dire exact est entre ces termes : obtenir les nuances et les détails des ombres du sujet et atteindre le *seuil* de l'apparition de l'image positive mais ne pas la marquer.

Aucun opérateur ne peut certifier qu'il restera dans ces limites et c'est alors par la retouche du cliché, par les correctifs dits intensification ou réduction que l'on compense, si l'exposition a été suffisante, ce que le développement n'a pu fournir assez intense.

Plusieurs méthodes ont été proposées nous ne les décrirons pas ici ce serait du temps perdu, il faudrait en faire la critique et ce n'est pas le but de ce manuel [1]; par l'automatisme, lorsque l'on suit nos prescriptions le cliché est toujours utilisable, l'image est vue par le dos, ce qui indique que toute l'impression de la lumière a été réduite, ce qui est important ; arrêter un développement avant ce point c'est de la fantaisie.

Avant de passer au développement automatique, conséquence de la suppression du laboratoire obscur, nous allons examiner le bain révélateur à employer.

Le Révélateur. Il se compose : 1° d'un produit, appelé *réducteur,* qui donne généralement son nom à la formule ; 2° du *préservateur* dont la fonction est d'éviter la coloration du premier pour lui conserver son énergie ; 3° de l'accélérateur dont le nom indique l'action ; 4° du modérateur qui a pour but principal de conserver la pureté des parties claires du sujet, dans certaines formules on supprime 2° et 3° aux dépens souvent des résultats.

Dans la pratique photographique on doit chercher à ce que le révélateur agisse à la fois dans l'épaisseur de la couche sensible

---

(1) Cependant à titre indicatif, nous croyons devoir diviser les méthodes de développement en plusieurs catégories.

Développement dit contrôlé; qui se subdivise en plusieurs procédés ; dans le plus ancien un révélateur faible et, par intervalle, on ajoute ensuite, suivant le caractère de l'apparition de l'image, un des composants du révélateur, qui modifie l'allure de l'opération que l'on arrête au jugé, qui diffère suivant l'opérateur.

Un autre procédé consiste à mettre dans deux ou trois cuvettes un révélateur différemment dilué; on débute en plaçant la plaque dans le bain le moins énergique, puis dans un autre suivant la rapidité de l'apparition de l'image, ce procédé a des variantes.

Dans un troisième procédé on place une certaine quantité de plaques dans une cuvette verticale contenant un révélateur titré et après un certain temps on retire celles qui ont l'intensité suffisante et en continuant pour les autres.

Le développement *chronométré* est automatique on met la ou les plaques dans un bain titré et d'après la température et l'apparition de l'image on développe dans un temps déterminé.

et à la surface de façon à faire apparaître également les tonalités ayant reçu la même impression lumineuse. Cet idéal n'est pas toujours réalisable et, avec les réducteurs énergiques des voiles gris viennent troubler l'image et altérer sa pureté. Avec un révélateur lent dont les proportions des composants sont bien équilibrées le désidératum de l'opérateur est plus facilement atteint et sans les voiles colorés que la lenteur du révélateur peut provoquer.

Dans le formulaire du développement automatique nous ne donnerons que des formules qui ont fait leurs preuves devant beaucoup de photographes avec les plaques Grieshaber, Jougla, Guilleminot, Lumière, Saint-Clair, Cie Kodak, etc., étant entendu que pour le temps de pose on se conformera à nos indications.

LABORATOIRES PORTATIFS Ch. GRAVIER

Suppression absolue du laboratoire obscur et des écarts de pose par le laboratoire portatif Ch. Gravier.

Cliché F. LAGRANGE, Secrétaire Général, A. P. T. C. F.

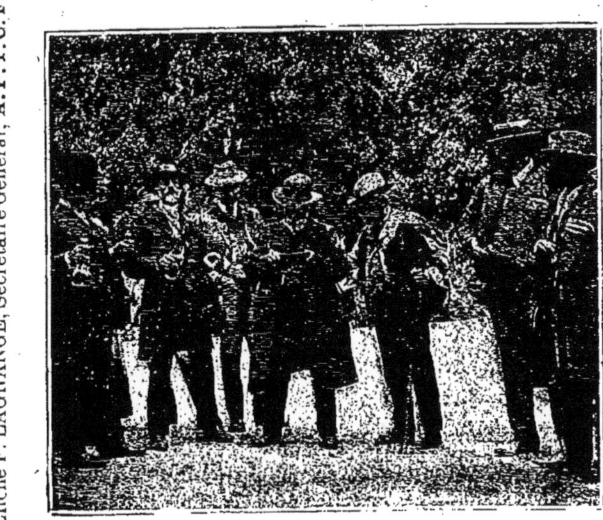

Extrait de *Photo-Magazine.*

EXEMPLE **du petit volume** DU LABORATOIRE :
M. Ch. GRAVIER, développant, au soleil, dans son laboratoire, 10×14 l'épreuve autochrome d'un des assistants du Congrès de Tours.

L'idée d'éviter le laboratoire obscur date des premiers temps de la photographie ; nous en avons connu beaucoup de portatifs et nous n'en pouvons faire l'historique. En effet le laboratoire est un des obstacles pour former des adeptes ; cependant un grand nombre d'amateurs utilisent jusqu'à des réduits destinés à des fonctions les plus privées et n'ont pas toujours le " Water " nécessaire pour l'hygiène. Que de troubles matrimoniaux par l'accaparement par les ardents de ces réserves dits *cabinets noirs* où les dames ont l'habitude de serrer leurs vêtements. Mais l'ingéniosité de fabricants de produits est arrivée à démontrer que, automatiquement, on pouvait obtenir des clichés ou des épreuves satisfaisantes sans cette obligation de se priver de voir la lumière blanche ; les appareils des professionnels forains le prouvent.

La société Kodak a présenté d'abord le développement des pellicules, l'apparition des plaques omnicolores et autochromes nous a donné l'idée du dispositif pour les plaques sensibles dont nous avons déjà parlé (1) et que nous sommes arrivé, après plusieurs modèles, à résumer d'une façon tellement simple que l'on peut se passer d'un laboratoire chez soi ou en plein air, pour développer et avoir au moins un cliché ou une épreuve en noir ou en couleurs en dix minutes. On peut les exposer ensuite sans crainte à la lumière du jour et le cliché est sec ou l'épreuve en couleurs est sèche environ dix minutes après. Ce dispositif n'augmente pas le volume de la cuvette courante qu'il recouvre (2), il ne pèse que 100 grammes ; avec la cuvette 200 grammes ; le manchon inactinique environ 200 grammes. Enfin le coût du développement environ 0.05. La gravure page 33 indique une opération.

En résumé c'est, nous l'affirmons, une disposition simple, sérieuse (3), et toute personne ayant le désir sincère de vulgariser la photographie cherchera à propager ce que nous désignons sous la rubrique : *Laboratoire portatif Ch. Gravier* il ne pèse dans son ensemble que 400 grammes environ, pour qu'on ne confonde pas.

Ce laboratoire portatif permet de faire les manipulations photographiques promptement et sûrement en tout lieu ; appartement, ou plein air, dans un musée, hospice, automobile, en bateau, sur un champ de manœuvre, il est donc utile à quiconque veut photographier, **sans insuccès**, professionnels, touristes, médecins, artistes, ingénieurs, architectes, militaires, explorateurs.

Voilà donc en outre la paix ramenée dans certains ménages, pour un prix modique, sans encombrement, et enfin, au lieu d'être enfermé comme un égoïste, on pourra faire de la photo-

---

(1) Voir *Moniteur de la Photographie* Août, Septembre, Octobre, Novembre 1907.

(2) La gravure qui précède montre que le dispositif pour 9×12 n'est pas plus embarrassant qu'une cuvette ordinaire.

(3) Les lettres d'éloges, des récompenses pour le laboratoire et la méthode, nécessiteraient plusieurs pages.

graphie en famille et facilement de nouveaux adeptes petits ou grands. Après une démonstration, un enfant de 10 ans développe les clichés de son père.

Un laboratoire portatif Ch. Gravier se compose :

1° D'un manchon inactinique (Ch. Gravier) qui sert au transfert de la plaque dans le laboratoire portatif (ou pour charger un châssis).

2° D'une cuvette close par un couvercle, ayant un godet permettant de verser **en pleine lumière** les liquides nécessaires au développement et de faire **toutes les opérations** en quelques minutes.

MODE D'EMPLOI

Il est indiqué d'une façon très claire dans le rapport ci-après de M. Larivière, Ingénieur civil, à la Société d'encouragement.

LABORATOIRE PORTATIF POUR PHOTOGRAPHE

Rapport présenté au nom du Comité des Constructions et Beaux-Arts

M. Ch. Gravier a présenté à l'examen de la Société d'Encouragement un laboratoire portatif de son invention permettant, suivant l'expression de son auteur, « la photographie en famille » en supprimant le cabinet noir.

Ce laboratoire se compose :

1° d'un manchon inactinique portant à chacune de ses extrémités une ouverture munie d'un bracelet en caoutchouc et, au centre, une ouverture plus grande longitudinale pouvant se fermer à l'aide de boutons à pression ;

2° d'une cuvette en carton laqué ou en toute autre matière, à section trapézoïdale, recouverte d'un couvercle en métal et verni, dont trois côtés sont fixes et un quatrième mobile, pouvant se fixer à l'aide de boutons à pression.

Par le côté mobile, on introduit la cuvette, et, en fixant les boutons à pression, les côtés du couvercle viennent s'appliquer sur les côtés de la cuvette, empêchant ainsi toute rentrée de lumière.

Le dessus du couvercle est muni d'un godet verseur dont les parois et les cloisons en celluloïd noir forment chicane et permettent d'introduire les liquides dans la cuvette, sans que la lumière puisse y pénétrer.

Voici le mode d'emploi de ce laboratoire. L'opérateur introduit par l'ouverture centrale, dans le manchon inactinique, le châssis négatif contenant la plaque exposée ainsi que la cuvette recouverte de son couvercle, boutonne l'ouverture centrale du manchon en pressant les boutons et passe les mains dans les deux ouvertures extrêmes garnies de bracelets en caoutchouc, qu'il remonte derrière l'articulation du poignet.

Il déboutonne alors les pattes du côté mobile du couvercle et fait glisser la cuvette dans le couvercle jusqu'à ce que le bord butte contre la coupe intérieure du godet, puis il introduit par cette ouverture la plaque du châssis, referme la cuvette en boutonnant les pattes et la retire du manchon.

En pleine lumière, il peut alors verser par le godet du couvercle le révélateur de son choix [1], en ayant soin de balancer la cuvette pour éviter les marbrures. Après un temps qui varie à la fois suivant la nature du révélateur et la température, il introduit doucement, toujours par le godet, dans le révé-

---

[1] A titre de renseignement, avec le révélateur composé de hydroquinone : 8 grammes ; sulfite de soude cristallisé : 80 grammes ; carbonate de soude cristallisé : 60 grammes ; solution de bromure de potassium à 10 p 100 : 50 centimètres cubes ; eau 1000 centimètres cubes. Le développement exige dix minutes par une température d'environ 15°.

lateur et en balançant la cuvette, une solution, dans l'eau, d'acide sulfurique à 1/2 p. 100, qui arrête le développement. Après 30 secondes environ, il enlève le couvercle, jette le liquide, et sans lavage, en pleine lumière, verse sur la plaque une solution contenant 250 grammes d'hyposulfite acide et 50 centimètres cubes de bisulfite de soude liquide du commerce pour 1000 centimètres cubes d'eau.

Il obtient ainsi un cliché non voilé, qu'il ne reste plus qu'à laver et sécher.

Un cliché ainsi développé automatiquement en dix minutes, nous a démontré que l'on peut obtenir un négatif utilisable avec une latitude dans l'exposition de 70 fois la pose normale, à la condition toutefois de mettre un antihalo derrière la plaque photographique ou d'employer une plaque antihalo.

Nous ajouterons qu'il est préférable d'employer une cuvette spéciale pour l'hyposulfite afin d'éviter les taches et qu'il est indispensable, avant de recommencer une nouvelle opération, de laver à l'eau pure le godet verseur qui pourrait retenir un peu de liquide acide.

Pour les plaques autochromes, le procédé est plus simple encore :

On verse dans le godet du couvercle le révélateur de MM. Lumière en balançant la cuvette pour éviter les marbrures, puis, 2 minutes et demie après, on introduit toujours en remuant la cuvette la solution acide.

Trente secondes après, on enlève le couvercle, on jette le liquide, et, sans lavage, on verse sur la plaque, en pleine lumière, une solution de permanganate de potasse [1] pour produire l'inversion de l'image. Lorsque l'image est bien claire, on jette la solution de permanganate et on la remplace pendant une minute par de l'eau dans laquelle on a ajouté du bisulfite de soude commercial, (1 centimètre cube pour 100 centimètres cubes d'eau), puis on lave en quelques secondes la plaque en couleurs. On peut sécher cette plaque en plein air en cinq minutes à l'aide d'un éventail.

L'ensemble de ces opérations n'exige pas plus d'un quart d'heure.

En résumé, le matériel qui nous a été présenté est simple, léger, peu coûteux ; le procédé de développement chronométré avec arrêt à l'aide d'une solution acide donne de bons résultats, aussi votre Comité des Constructions et Beaux-Arts vous propose-t-il de remercier son inventeur, M. Charles Gravier, de son intéressante communication et d'insérer le présent rapport au *Bulletin*.

LARIVIÈRE, Ingénieur civil.

Il est essentiel, pour réussir : 1° de passer un filet d'eau, après chacun des clichés, dans le godet et la cuvette du laboratoire, puis de les essuyer.

MODIFICATION IMPORTANTE

Nous adoptons la pratique du Kodak actuellement, le remplacement de l'eau acidulée, pour arrêter le développement, par trois ou quatre lavages, à l'eau.

On verse par le godet dans le révélateur une certaine quantité d'eau ordinaire (environ 200 cc. pour 9 × 12 et 300 cc. pour 13 × 18) on balance 10 à 20 secondes, puis on incline un peu le laboratoire sur un des angles *opposés à la patte mobile ;* on redresse la cuvette et l'on renouvelle le lavage trois fois environ, 1/2 minute chaque fois, en balançant le laboratoire. On continue les autres opérations comme ci-dessus, en lumière atténuée, la plaque découverte, on passe la plaque à l'hyposulfite [2] ou à l'inversion, suivant que l'on traite des plaques ordinaires ou des plaques en couleurs. Si les plaques ont une tendance à se colorer dans l'hyposulfite chromé on mettra un peu d'acide comme précédemment dans l'eau de lavage.

---

(1) Eau 1000 + acide sulfurique 10 cc. + Permanganate 2 gr.

(2) Employer le bain d'hyposulfite chromé (V, page 37 : 3°).

FIXAGE

Pour enlever tout le sel sensible qui n'a pas été impressionné par la lumière, il est nécessaire de procéder à ce que l'on appelle le *fixage*, qui n'est en réalité que la dissolution du sel sensible non utilisé. La solution employée dans ce but peut servir pour un certain nombre de clichés mais il est important de ne pas attendre qu'elle soit saturée par le sel sensible avec un grand nombre de plaques. Nous détachons d'un intéressant travail, de MM. Lumière et Seyewetz, la méthode à suivre avec les formules excellentes qu'ils indiquent. Nous recommandons surtout la troisième.

Pour éviter le jaunissement ultérieur des phototypes sur plaques au gélatino-bromure, il convient :

1° De ne pas fixer plus de 100 plaques 9×12 dans 1 litre de solution d'hyposulfite de soude à 15 %.

2° De ne pas fixer plus de 50 plaques dans 1 litre de bain fixateur renfermant 15 % d'hyposulfite de soude et 1,5 % de bisulfite de soude.

3° De ne pas fixer plus de 75 plaques dans un bain de fixage renfermant 15 % d'hyposulfite de soude, 1,5 % de bisulfite de soude et 0,5 % d'alun de chrome.

On peut reconnaître pratiquement le moment où le bain fixateur peut être rejeté, en étendant une goutte de ce bain sur du papier et examinant si la tache brunit quand on l'expose pendant quelque temps à l'air humide et à la lumière.

Le lavage du cliché. Cette opération est importante car elle a pour but d'éviter l'altération ultérieure du cliché ; un lavage d'une demi-heure à l'eau courante suffit.

Un grand nombre de propositions ont été faites et des produits excellents sont vendus par M Pierre Mercier et par MM. Lumière etc. pour éviter un long lavage, voici un moyen simple. Après un lavage, d'environ trois minutes, on met le cliché dans un bain contenant 10cc. de bisulfite de soude de commerce par 100cc. d'eau, ou dans une solution de 10gr. de sulfite de soude cristallisé par 100cc. d'eau, dans laquelle on a préalablement ajouté quelques gouttes d'acide chlorhydrique jusqu'à ce qu'une odeur *légère* d'acide sulfureux se dégage ; après environ deux minutes on lave le cliché environ cinq minutes, on peut traiter ainsi un grand nombre de clichés à la fois.

On peut, à défaut de produits chimiques, enlever l'hyposulfite rapidement en utilisant un procédé *mécanique*, indiqué par Hunt, en 1857, et recommandé par MM. Lumière ; il consiste à placer le cliché, sortant de l'hyposulfite, dans une cuvette d'eau ; on fait circuler le liquide et avec une éponge fine on tamponne le cliché ; on renouvelle ainsi *6 ou 7 fois ;* à défaut d'éponge, on peut enlever l'eau avec du papier buvard, sec et non pelucheux, enfin nous effectuons, avec succès, la même opération avec des chiffons secs très doux. Ce tour de main permet d'obtenir un séchage rapide, même à la chaleur ; la couche, ne contenant plus d'excès d'eau, sèche très rapidement (1). Il ne faut pas trop le chauffer car on produirait une granulation persistante.

On peut constater que tout l'hyposulfite a été éliminé, en versant une goutte de l'eau de lavage sur un cristal de nitrate d'argent qui brunit s'il y a une trace d'hyposulfite ; le procédé suivant est

Si on verse quelques gouttes de la solution ci-après qui est rose dans une eau contenant même une trace d'hyposulfite la couleur disparaîtra.

Permanganate de potasse 1 gr. ; carbonate de potasse 1 gr. ; eau distillée 1000 cc. Cette solution se conserve très bien à l'obscurité.

LES INSUCCÈS ACCIDENTELS

Nous pouvons affirmer avec preuve à l'appui que si en emploie de bons produits, si on observe dans leurs détails très simples nos prescriptions: pour la pose, pour le développement, on n'aura pas d'insuccès.

Pour les produits : pour les révélateurs à préparer ou ceux prêts à l'emploi n'acheter que des flacons ayant le cachet d'origine du fabricant se méfier des produits *dits à bon marché. ils sont plus chers par leurs falsifications.* (Consulter l'agenda Lumière).

Pour les plaques les fabricants ayant pignon sur rue sont tous honorablement connus et sont des chercheurs et par leurs nouveautés ils indiquent aux consommateurs qu'ils ne s'endorment pas. On doit tous les ans leur demander leur catalogue.

Ce qui est indispensable pour réussir c'est la propreté des vases, cuvettes, etc. Une solution à 1 gr. d'hyposulfite de soude pour 1000 cc d'eau à la dose de 1 cc pour 100 cc de révélateur, soit 0 gr. 001 de la substance, est un accélérateur ou une cause de tache ; on voit donc la nécessité de ne pas laisser des solutions salines se cristalliser dans des cuvettes.

Maintenant, comme nous l'avons déjà dit page 32, nous avons fait des clichés avec notre méthode et sans insuccès en utilisant

(1) Brézinski a proposé les chiffons pour sécher les épreuves sur papier.

les différentes plaques des fabriques connues. Certaines ([1]), ayant une tendance à prendre une petite coloration *dans tous les révélateurs après* un développement de 6 minutes doivent donc être révélées avec les formules que nous donnons avec cette durée. Nous préférons le développement de 10 minutes d'une manière générale; il donne de la latitude dans la température.

Les colorations jaunes ou rouges disparaissent généralement dans le bain suivant.

Eau (distillée préférable)...	1000 cc.
Permenganate *neutre* de potassium ...	1 gr.

L'effet obtenu, placer le cliché dans le bain suivant (5 minutes) qui enlève l'oxyde de manganèse rouge.

Eau ordinaire	100 cc.
Bisulfite liquide du commerce...	5 —

Lorsque le voile jaune est très léger et la plaque ayant des irisations, surtout sur les bords (signe de vieillesse) on les enlève avec une touffe de coton (non hydrophile) ([2]) fortement imbibé d'alcool à brûler. Si l'alcool est à un degré élevé il permet d'enlever par friction ce voile superficiel sans rayer la couche.

Marbrures. Dans tous les procédés de développement, où la surface sensible n'est pas couverte également de liquide pendant toute la durée de l'opération on a des marbrures, l'automatisme n'échappe pas à cette cause d'insuccès facile à comprendre il faut donc tenir la cuvette horizontalement ou même la balancer pour l'éviter.

MM. Lumière dans leur formulaire et dans leur excellent Agenda annuel ([2]) indiquent 30 causes d'insuccès. Nous publions un tableau extrait du guide du Photographe de la Sté Grieshaber qui sous une forme commode et claire résume leurs causes, les remèdes.

Décollement de la gélatine. — Le décollement de la gélatine se produit par suite de l'emploi d'un révélateur *trop acide, trop alcalin, ou trop chaud.* On y remédie par l'immersion de la plaque dans un bain d'alun à 6°/° ou par l'emploi de bain de fixage chromé (V. Fixage page 37 : 3°).

Pendant l'été on évite le décollement en trempant la plaque, avant le développement, dans de l'alcool éthylique à 40° environ pendant 1 minute, on laisse égoutter pendant 1 minute, puis on met dans le révélateur en balançant la cuvette.

([1]) On comprend que nous ne pouvons citer des noms car d'un jour à l'autre a fabrication s'améliore.

([2]) Sté Lumière, à Monplaisir-Lyon, formulaire 0 fr. 15 ; Agenda 1 fr.
Les opérateurs liront avec profit les formulaires des sociétés Lumière, Jougla, Guilleminot, Grieshaber, St-Clair, Hauff (Cerckel, 26, rue Bergère).

TABLEAU DES INSUCCÈS PROVENANT DE LA POSE OU DU DÉVELOPPEMENT

Description des clichés			Causes	Remèdes
Détaillé partout	Faible	Voilé	Pose trop longue, développement trop énergique.	Pose plus courte ou bromure dans le développement.
		Pur	Pose exacte, développement trop court.	Développer plus longtemps.
	Doux	Voilé	Pose trop longue, développement exact.	Pose un peu plus courte ou bromure dans le développement.
		Pur	Pose exacte, développement exact	Essayer de toujours avoir ce résultat.
	Intense	Voilé	Pose trop longue, développement trop long.	Développer moins longtemps.
		Pur	Pose trop courte, développement trop lent.	Bain plus énergique ou pose plus longue.
Manquant de détail	Faible partout	Voilé	Pose exacte, développement trop court, plaques voilées.	Développer plus longtemps, bromurer fortement.
		Pur	Pose trop courte, développement trop court.	Poser plus longtemps, développer plus longtemps.
	Doux	Voilé	Pose trop courte, développement exact. plaques voilées.	Poser plus longtemps, bromurer ou employer un vieux bain.
		Pur	Pose trop courte, développement exact.	Poser plus longtemps ou employer un bain plus énergique.
	Parties opaques	Voilé	Pose trop courte, développement trop long.	Poser plus longtemps, bromurer un peu.
		Pur	Pose trop courte développement trop lent.	Poser plus longtemps, employer un bain plus énergique.

On voit par ce tableau qu'il est préférable de poser largement pour avoir un cliché complet, avec les formules que nous indiquons pour les révélateurs si on les prépare (V page 63) on n'aura pas de clichés voilés à moins que les surfaces le soient à la fabrication, ce que l'on constate par l'essai d'une plaque n'ayant pas été exposée (V. page 48).

LE HALO

Lorsque l'on s'est assuré que la photographie a été faite après une bonne mise au point sur le verre dépoli ou à la distance indiquée, par le fabricant, sur l'échelle de l'appareil, l'image obtenue après le développement doit être nette. Si on a suivi mes indications pour le temps de pose, pour le révélateur utilisé et pour la durée du développement automatique, les parties sombres du sujet doivent être claires ou très légèrement grisâtres, car on est ainsi certain que les détails dans les ombres existent sur le cliché.

Quelquefois il n'en est pas ainsi c'est un insuccès qui peut être dû : 1° à ce qu'un voile de poussière ou une buée a produit un effet analogue à un dépolissage de l'objectif ; 2° si le sujet photographié a des contrastes violents, tels que la lumière d'une fenêtre dans un local sombre, le ciel encadrant un rideau d'arbres, il en résulte « un estompage » analogue à celui que l'œil constate sur les rideaux sombres qui semblent « lavés » sur les bords par la lumière de la fenêtre. Cet effet le photographe doit le conserver sur la photographie s'il est modéré, mais il doit l'éviter s'il est assez intense pour enlever des détails à l'image, il est produit par la lumière, qui, après avoir traversé la couche sensible, n'a pas été absorbée et est réfléchie dans une autre direction, suivant les lois simples décrites dans les traités de physique, c'est le *halo*. Les lignes sont épaissies etc. etc. ; l'image est troublée dans ses détails, et fréquemment voilée. On évite cet insuccès soit en ajoutant un colorant dans la couche sensible, (c'est ce qui donne aux émulsions orthochromatiques leur pureté) soit en étendant sur le verre, avant la couche sensible, un enduit absorbant, soit sur le « dos » du verre une couche analogue. Peu de clichés échappent à cet accident pour les sujets à contrastes ; quoiqu'il en soit nous recommandons à tous ceux qui adopteront la pose et développement automatique, l'emploi d'un *anti-halo* ou une des plaques vendues avec anti-halo ; s'en passer c'est risquer un trouble de l'image.

En principe toute substance ne laissant pas de couche d'air entre le verre et l'enduit coloré, en jaune ou en rouge ou mieux en brun, est un bon anti-halo.

Certaines sont très efficaces à l'état humide ; la colle de pâte mélangée d'une poudre colorée, un papier au charbon ou au sel d'argent noirci préalablement, etc. etc. ; mais en séchant l'enduit se sépare du verre et devient inutile ; de même les papiers les tissus.

On a indiqué des formules de composés restant moites, ou contenant un sel hygrométrique ou très longues à sécher. Les châssis en bois et surtout les métalliques sont alors détériorés.

Au point de vue pratique nous recommandons une des suivantes :

1° Solution épaisse de gomme arabique ...	1	partie
Caramel	1	—
Terre de Sienne en poudre	2	—
2° Essence de térébenthine	1	—
Benzine	3	—
Bitume de Judée..	1	—

Après mélange des trois produits, couler dans une boite.

On étend ces composés, en mettant, pour les plaques 13×18 et au-dessous, deux plaques sensibles émulsion contre émulsion et l'on tient les plaques réunies dans la main gauche ; avec un pinceau plat humide on frotte la pâte sèche et on enduit d'une couche très légère le dos des verres en les badigeonnant en partant du milieu pour que les bords n'aient pas de bourrelets qui pénètreraient entre les plaques de verre sur la couche sensible.

La couche est sèche en une minute.

Quand on développe en plein jour dans un laboratoire portatif on n'enlève la couche anti-halo qu'après le développement.

Lorsqu'on développe automatiquement dans un laboratoire obscur on peut opérer de même ou l'enlever avant le développement, avec un linge humidifié benziné suivant le dissolvant.

Nous recommandons le anti-halo Japec fabriqué par Plateau, 9, rue Morand, à Paris. En 1898 (¹) j'ai indiqué que l'application, au dos de la plaque d'une pellicule ayant un adhésif était un moyen simple, la Société Jougla vient de mettre en vente des plaques ainsi préparées, avec l'ongle il peut s'enlever.

Retouche

Tous les clichés de portraits présentent lorsque la mise au point est précise, une sorte de grain, vu par transparence, qui tient à des inégalités d'impression des différentes colorations de la peau toujours parsemée de granulations invisibles à l'œil ; il faut donc boucher par un pointillé au crayon ou mieux au pinceau ces imperfections, on donne le nom de nettoyage à cette opération. La *retouche* proprement dite corrige certains défauts, ajoute ou retranche des détails, des accessoires.

Un retoucheur habile supprime le chapeau d'un personnage ; met à la mode un vêtement de femme trop court, engraisse ou diminue un embonpoint gênant modifie un profil, etc.

Ce manuel n'est pas un traité de retouche nous indiquerons cependant un moyen qui permet à quiconque a un peu de goût de modifier le caractère d'un portrait sans détériorer le cliché.

Il consiste à mettre sur le verre une bordure de 1/2 centimètre de gomme arabique à appliquer une feuille de papier calque humide et à la laisser sécher on pourra sur ce papier faire des encadrements, des retouches, etc., si après l'exécution on n'est pas satisfait on remplace simplement le papier à calquer.

On peut si on est certain de son talent couler sur le verre une couche de vernis mat (V. page 53) lorsqu'il est sec, avec un crayon on dessine ou l'on rend plus opaques certaines parties du cliché.

Avec un vernis coloré (V. page 53) étendu sur le verre on peut boucher une partie de l'image et avec un pinceau trempé dans de l'alcool, faire des dégradés.

(¹) *Moniteur de la Photographie* 31 Juillet; Août 1910 et *Bulletin Société Française de la Photographie* 1898, page 537; 1903, page 189.

Mais la retouche d'un portrait, mal faite dénature absolument le caractère du sujet.

Le vernis suivant dit *Mattolin* facilite l'adhérence les traits du crayon lorsqu'il glisse sur la gélatine.

Gomme Dammar...	6 gr.
Essence de térébenthine...	100 cc.

On en met une ou deux goutte sur le bout d'un doigt et l'on frotte doucement en rond à l'endroit à retoucher.

AMÉLIORATION D'UN CLICHÉ [1]

Les correctifs utilisés pour *l'intensification ou l'affaiblissement (dit réduction)* d'un cliché, tout en utilisant différents produits se résument en deux méthodes et ont pour but un résultat analogue : *rendre le cliché apte à donner une bonne épreuve positive.*

1° Ceux qui nécessitent deux opérations comportent par suite une certaine latitude dans l'effet qu'on peut en obtenir. Ainsi, lorsque l'on débute par un blanchiment de l'argent, qui constitue l'image si on opère sur un cliché sec avec un bain dilué, on peut en arrêtant, par un lavage rapide, l'action oxydante du produit enlever un voile superficiel en dissolvant dans l'hyposulfite de soude ce qui a été transformé en un sel d'argent plus ou moins soluble suivant l'oxydant.

2° Egalement lorsque le blanchiment a été complet et que par un révélateur on noircit le composé formé par l'action du premier bain, on peut arrêter par un lavage rapide le développement de l'image, lorsque les parties claires du sujet sont bien détaillées, puis dissoudre dans l'hyposulfite de soude ce qui n'a pas été développé.

Dans le premier cas on a augmenté les contrastes de l'image, dans le second cas, au contraire, ils ont été amoindris.

Il faut observer que par la dissolution dans l'hyposulfite on détruit sans retour possible, une partie de l'image ; il faut donc de la prudence et quitte à reprendre le correctif une seconde fois, opérer progressivement, surtout arrêter la réduction avant son point minimum car elle continue un peu pendant le lavage.

---

(1) Nous sommes d'avis que celui qui suit absolument notre méthode automatique pourra utiliser ses clichés, sans avoir à les améliorer, ayant les papiers au bromure ou chloro-bromure, ou les plaques positives par développement à sa disposition. Mais pour rendre les clichés *trop intenses* utilisables, pour les procédés aux poudres colorées, à l'albumine, au chlorure, (dits tartrate, citrate, etc.) il faudra alors les réduire ; on n'aura à intensifier les clichés que si on prend des émulsions plus lentes que celles indiquées par nos essais que l'on peut vérifier (V. page 48).

Il est bon de s'exercer avec les différentes formules et l'on arrivera probablement à n'en utiliser que deux, celle au bichromate de Eder pour l'intensification ou celle de Farmer pour l'affaiblissement, nous en donnons d'autres, en insistant sur la latitude dans les résultats, en tenant compte des observations ci-dessus.

La plupart des taches que l'on constate, soit après fixage, soit après l'emploi d'un correctif, d'un virage tient surtout à l'irrégularité du lavage, lorsque l'on fait cette opération dans une cuvette horizontale sous un robinet. Sous l'influence du choc de l'eau les parties frappées se dépouillent rapidement du composé formé, et qui est rarement absolument insoluble, les parties qui environnent cette région du cliché, au contraire, en conservent plus ou moins les traces, de là les taches, marbrures, etc..... Il est facile de fabriquer à défaut de cuvettes verticales, avec une feuille de zinc percée de trous un « diffusoir », que l'on placera sur la cuvette pour éviter que l'eau frappe et afflue sur une partie du cliché.

LES CORRECTIFS DU DÉVELOPPEMENT

Intensification de l'image

Lorsque le cliché est développé il peut paraître très faible et ne donner par conséquent qu'une image positive grise, plate, ayant peu d'opposition, ce résultat peut provenir de trois cas :

1° d'une exposition insuffisante
2° d'un développement insuffisant
3° d'une exposition trop longue.
4° d'un développement trop prolongé.

Dans les deux premiers cas si les détails manquent dans les parties les plus transparentes du cliché, toute opération nouvelle ne pourra les faire apparaître, mais si le cliché est bien détaillé dans les parties les moins foncées on peut, par un traitement convenable, augmenter les contrastes de la façon suivante.

En déposant sur l'image négative un métal qui augmentera par une affinité relative les opacités, ou qui par sa coloration plus intense des plus grandes opacités retardera l'action des radiations les plus actives de la lumière ; ou enfin par la substitution d'un métal à l'argent qui constituait l'image.

Ces correctifs sont désignés sous les rubriques : *Intensification* et *affaiblissement* ou *réduction ;* ils sont effectués souvent par deux opérations successives.

Observations avant d'intensifier un cliché.

1° Le cliché doit être bien débarrassé de toute trace d'hyposulfite.

2° Après le lavage passer sur la plaque, sous l'eau, un peu de coton, non hydrophile qui mouillé devient dur.

3° Passer le cliché dans une solution d'alun de chrome à 1 °/₀ pendant environ deux minutes ou dans une solution de formol à 10 °/₀, laver ensuite.

Cette opération, qui n'est pas indispensable, a pour but d'éviter les soulèvements ultérieurs de la gélatine, bien laver (environ 3 à 5 minutes).

4° La cuvette doit être agitée continuellement pour éviter que les dépôts pulvérulents s'attachent à la gélatine.

5° Le noircissement de l'image étant obtenu ne pas laver longtemps 4 à 5 minutes au plus, en évitant que l'eau du robinet frappe la gélatine.

6° Si un cliché a été voilé pendant le développement il faut enlever ce voile par un affaiblissement préalable avant d'intensifier.

Renforçateur à l'iodure mercurique. Formule Lumière.

Eau distillée...	100
Sulfite de soude cristallisé	10
Iodure mercurique	1

On peut atténuer ou augmenter l'énergie du bain par simple addition d'eau.

Le cliché après un lavage sommaire est noirci dans un révélateur. On doit jeter le bain après l'opération.

Renforçateur au Permanganate de potasse. Formule Gendrand.

Eau...	1000 cc.
Permanganate de potasse neutre	3 gr.

Le négatif devient brun dans ce bain ; si, après le lavage, l'intensité n'est pas suffisante on peut noircir l'image dans un révélateur. Si les parties claires sont trop foncées, on peut les éclaircir dans de l'eau contenant deux à trois gouttes *au plus* de bisulfite par 100 cc. d'eau, après lavage on peut refaire l'opération.

Renforçateur au cuivre. Formule Liésegand.

Eau...	100
Sulfate de cuivre cristallisé	10
Bromure de potassium	10

(Cette solution peut servir jusqu'à épuisement)

Le cliché est introduit dans ce bain jusqu'à ce que l'image soit d'un blanc rosé, on lave alors pendant environ 5 minutes (un plus long lavage donnerait une intensité moindre), puis il est placé dans un des révélateurs que nous avons donnés où il noircit.

On augmente l'intensité en mettant le cliché, très rapidement, avant de le développer, dans une solution de nitrate d'argent à 5 °/ₒ puis, après un lavage, environ 5 minutes dans une solution à 5 °/ₒ de sulfite de soude, puis dans un révélateur.

Ce renforcement est très intense.

Renforcement au plomb. Formule EDER et TOTH.

Eau distillée...	100 cc.
Azotate de plomb...	4 gr.
Ferricyanure rouge de potassium	6 gr.

Lorsque l'image a blanchi dans ce bain, on lave le cliché et le fait noircir dans un révélateur faible, puis on le lave.

Renforçateur au chrome. Formule EDER.

Eau...	100 cc.
Bichromate de potasse	1 gr.
Alun de chrome...	1 gr.
Acide chlorhydrique...	2 cc.

Le négatif devient blanc jaunâtre on lave environ 1/4 d'heure, puis on fait noircir dans un révélateur. On lave ensuite 10 minutes.

Renforçateur à l'argent.

Si dans un révélateur faible on ajoute, par chaque 100 cc de bain 10 cc d'une solution de 5 gr. de nitrate d'argent pour 100 cc d'eau distillée, on compose un bain renforçateur ; lorsque cette solution se trouble on doit la jeter.

Renforcement à l'Urane. Formule DANGAN.

A	Eau	100 cc.
	Ferricyanure rouge de potassium.	1 gr.
	Acide oxalique	0 gr.5
B	Eau...	100 cc.
	Nitrate d'urane...	1 gr.
	Acide oxalique	0 gr. 5

Le cliché est d'abord placé dans le bain **A** pendant une minute où l'image blanchit, puis sans lavage dans le bain **B** où il prend une coloration brune.

Si l'image est trop intense et les parties transparentes trop teintées, en mettant quelques gouttes d'ammoniaque ou de carbonate de soude dans 100 cc. d'eau on peut diminuer cette coloration ou même la dissoudre complètement et recommencer après lavage on la retirera alors avant la coloration des blancs.

Règle générale : lorsque le renforcement par une des formules ci-dessus n'a pas donné une image assez intense on peut recommencer une nouvelle opération complète. Pour bien réussir il faut lire et suivre rigoureusement les observations que nous avons spécifiées (1). **Pour tout lavage de cliché** il faut éviter que l'eau du robinet tombe sur une partie du cliché la plupart des taches viennent de ces irrégularités de lavage.

Réduction de l'opacité de l'image

Il peut être nécessaire pour améliorer un cliché d'en réduire les opacités il présentera les caractères ci-après indiqués dont les raisons suivent :

A *Le cliché est noir, opaque. mais les parties foncées du sujet sont encore translucides (il faut donc les ménager).*

La pose a été trop longue, ou le révélateur trop énergique ou le développement trop prolongé.

B *Le cliché a un aspect général gris, tous les détails sont bien venus dans les ombres du sujet, le cliché est plat et sans relief.* Par une pose excessive l'image est *solarisée* (voir page 16).

C *Les parties claires du sujet, sont très foncées les zones claires du cliché transparentes sans détail ; quelquefois un voile gris est général.*

La pose a été insuffisante et le développement long ; ou bien le révélateur chargé en bromure et le développement court.

Remèdes : préparer les solutions suivantes.

I. Hyposulfite de soude 5 gr. pour 100 cc. d'eau.
II. Eau 100 cc + hyposulfite de soude 5 gr. + carbonate de soude 10 gr.
III. Prussiate rouge de potasse 5 gr. pour 100 cc. d'eau.

Les bains affaiblisseurs seront ainsi préparés :

1° Dans le cas de **A**	II.	100 cc.
	III.	5 cc.
2° Pour **B**	I.	100 cc.
	III.	10 cc.

Si l'affaiblissement n'est pas suffisant après quelques minutes on ajoute quelques gouttes de la solution III, qui augmente les contrastes.

3° Pour C. Il faut modifier le caractère du négatif c'est-à-dire mieux équilibrer les contrastes de l'image.

Ce cas est plus complexe et demande de l'attention.

Si un voile général existe on l'enlève d'abord en veillant à ne pas aller trop loin dans le bain pour cas **A**. (1°) On lave environ 1/2 heure le cliché ; on passe le cliché dans la solution III où il blanchit, on le lave pendant 10 minutes, puis on le place dans une solution de nitrate d'urane à 1 °/₀ où il prend une coloration brune, surtout dans les parties claires des sujets qui sont renforcées énergiquement. Un lavage trop long affaiblit la coloration.

(1) Voir page 44.

On voit combien cet affaiblisseur, modification de la formule de Farmer, manié comme nous venons de l'exposer peut être utile.

Voici des affaiblisseurs en une solution. Le cliché est placé dans l'un deux et l'on suit la réduction *pour l'arrêter un peu avant le. point*, l'action continuant pendant le lavage.

Affaiblisseur Formule Eder

Eau...	100 cc.
Bichromate de potassium.	2 gr.
Acide sulfurique..	4 cc.

Affaiblisseur Formule Namias

Eau...	1000 gr.
Acide sulfurique..	1 gr.
Permanganate de Potassium..	0 gr. 5

ESSAIS DIVERS

Le détail de tous les essais et des méthodes diverses pour chacun d'eux, formerait un gros volume. Nous indiquerons simplement ceux que peut faire facilement un amateur.

Vérification de l'éclairage du laboratoire 1° Dans un *châssis négatif* placer une plaque sensible dans l'obscurité absolue. 2° à $0^m,50$ de l'éclairage coloré à essayer placer le châssis et ouvrir le volet au 3/4 de sa hauteur ; après 5 minutes fermer le volet de $\frac{1}{4}$; après le même laps de temps fermer encore de $\frac{1}{4}$ enfin après 5 autres minutes, fermer complètement. 3° On développe automatiquement dans l'obscurité avec une des formules que nous donnons (page 63).

Une partie au moins devra rester blanche celle qui n'a pas été exposée, on constatera sur les trois autres parties celle qui a une trace de coloration d'après la durée de son exposition (5, 10 ou 15^m) on évitera de l'exposer pendant cette durée à l'éclairage coloré ou mieux on développera automatiquement dans l'osbcurité.

Sensibilité d'une surface photographique. Une méthode semblable à celle ci-dessus, mais en utilisant une bougie placée à dix mètres et en fermant un volet de un centimètre toutes les 4 secondes permettra de juger de la sensibilité. Les plaques rapides généralement s'impressionnent, pendant cette durée et à cette distance, que très faiblement et il faut environ une minute pour obtenir l'intensité équivalente à celle d'un sujet à l'ombre mais bien éclairé (Voir page 31). Si on ne peut faire l'essai à cette distance on interposera un écran compensateur formé avec une plaque qu'on voile et développe à l'opacité nécessaire ou des feuilles de papier mais elles donnent un grain.

Pour compérer la rapidité relative de deux surfaces photographiques différentes on juxtaposera ces préparations et on les exposera en même temps. Voir la description de mon châssis sensitométrique.

Vérification de l'appareil photographique. Tendre un journal bien imprimé sur un mur vertical bien exposé, disposer l'appareil bien horizontalement et de façon à ce que le verre dépoli ou l'arrière de la chambre soit bien parallèle au mur, mettre rigoureusement au point avec une loupe, prendre un cliché.

La reproduction du journal doit être nette dans toutes ses parties, s'il n'en était pas ainsi cela peut provenir.

1° Que la surface sensible n'occupe pas dans le châssis la place exacte du verre dépoli, vérifier cela, c'est facile.

2° Que la face frontale de la chambre n'est pas parallèle avec la face arrière qui reçoit le châssis,

Mais cela peut provenir de ce que l'objectif a des défauts et on doit le faire examiner par un opticien, ou mieux, moyennant quelques francs, par le service des essais du Conservatoire des Arts et Métiers ou celui de la Société Française de Photographie. Un amateur n'a pas le matériel nécessaire.

Déterminer le diamètre de l'ouverture utile d'un diaphragme. Mettre l'objectif au point sur l'infini, coller sur le verre dépoli un papier noir percé d'un trou de 0^m002 environ, placer une lampe devant ce trou et dans le bouchon de l'objectif un morceau de papier au gélatino-bromure ; 1/4 d'heure ou 1/2 heure après, suivant la sensibilité du papier, développer l'image, on a un cercle dont le diamètre est le diamètre utile du diaphragme, qui pour les objectifs doubles est plus grand que le diamètre réel mesuré au compas.

Déterminer la profondeur du foyer. Lorsqu'on met au point un sujet, on remarque que, pour un même objectif, ce sujet semble net bien que l'on déplace le verre dépoli d'une quantité d'autant plus grande que le diaphragme est plus petit. Ce qui est intéressant c'est de connaître la latitude dans cette netteté avec le plus grand diaphragme, sachant qu'elle sera plus grande avec les diamètres inférieurs.

C'est une expression qui n'est que relative, car sur l'axe il n'y a qu'un point de netteté, qui est moindre lorsque l'on s'éloigne du centre du verre dépoli encore, mais comme l'on n'est pas toujours exigeant dans la netteté d'une image, la latitude de *diffusion* peut être utile à connaître. Il suffit lorsque l'on a mis au point avec une loupe sur l'axe et au plus grand diaphragme, d'avancer d'abord le verre dépoli jusqu'à ce que cette netteté à l'œil, en visant en s'éloignant de l'axe semble diminuer ; la même opération en arrière doit donner une distance égale ; l'ensemble constitue la profondeur de foyer, elle augmente avec les diaphragmes inférieurs.

Déterminer la profondeur du champ. On la constate en mettant un sujet peu éloigné au point ; puis en rapprochant le sujet jusqu'à ce que la netteté semble disparaître, la même opération en arrière donne la profondeur du champ qui, on le voit, diffère de la profondeur du foyer.

Déterminer la distance hyperfocale. Nous avons vu que toutes les fois qu'un sujet est à une dtstance d'environ 100 fois la distance focale, il est au point *pratiquement,* au milieu du verre dépoli ainsi que les sujets plus éloignés, et il est dit : *être à l'infini ;* mais à une certaine distance, placée en deçà, les sujets seront encore relativement nets jusqu'à une distance du sujet que l'on peut déterminer empiriquement comme on l'a fait pour la profondeur du champ.

Vérification de la vitesse d'un obturateur. Nous avons vu (page 26) que pour beaucoup d'obturateurs les vitesses indiquées sont fantaisistes ; nous ne voulons pas en incriminer les fabricants mais on constate de grandes différences quand on les vérifie, c'est un fait. Des méthodes proposées pour les essais à la portée des amateurs voici la plus simple, accessible au premier venu et suffisamment exacte pour la pratique.

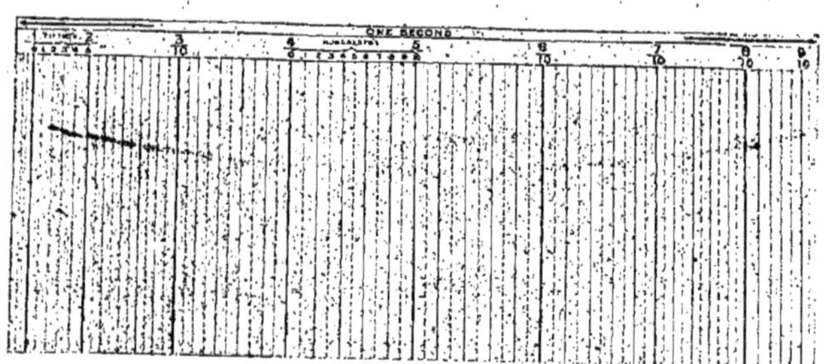

Fig. 4

Elle consiste à utiliser un tableau (¹) sur lequel des lignes verticales, représentant des centièmes de seconde, ont été tracées, à des distances proportionnelles à la vitesse d'un pendule parcourant la longueur de ce tableau en *une seconde.*

(¹) Chez Beck opticien ; 68 Cornhill, London E. C.

Le pendule est constitué par une boule brillante suspendue à un fil de soie ; la longueur du système est suffisamment exacte si la longueur du point d'attache au centre de gravité de la boule est égale à 0^m980.

C'est à M. Reusse, directeur de la section photographique des établissements Poulenc, à qui nous sommes redevable de l'indication de l'appareil Beck. Nous reproduisons le résultat obtenu avec ce tableau par M. Bousset collaborateur technique de cette société. Une courbe légère pour des oscillations d'un pendule sur une obturation à la vitesse de une seconde.

On voit donc la simplicité de l'outillage un tableau une boule brillante suspendue à un fil dont le point d'attache est au dessus de ce tableau.

Nous avons contrôlé les vitesses d'essais d'obturations faits avec cet appareil puis avec un appareil circulaire chronométrique vérifié avec soin, ils sont identiques.

Voici comment on opère, on met au point les lignes du tableau, fixé bien verticalement, sur un mur ou une porte ; au dessus, un clou sert de point d'attache au fil au bout duquel la boule brillante est suspendue, de telle sorte que dans son oscillation d'une seconde elle reste dans la plan vertical du tableau. La trajectoire tracée par la lumière est la figure de l'effet *utile* de l'obturateur pour la plaque sensible utilisée dans l'essai. Qu'importe la vitesse et le rendement d'un obturateur si la plaque n'est pas assez rapide pour utiliser toute la lumière qui la traverse. Ce que nous voulons constater s'est l'impression *utile* sur une plaque.

Il convient que cette boule soit la plus petite possible ; une bille de bicyclette de 0^m, 004, ou une perle brillante fixée dans un petit cylindre de plomb pour donner de la gravité constitue le dispositif.

On met la boule en mouvement et on déclanche l'obturateur, de façon à ce que par son ouverture la trace de la boule se trouve sur les lignes verticales dont les distances sont plus grandes c'est-à-dire vers le milieu du tableau pour les vitesse de $\frac{1}{10}$ à $\frac{1}{100}$.

Pour ceux de nos lecteurs qui ne pourront se procurer ce ce tableau chez M. Beck, il leur suffira de faire une photographie de la figure 4 (page 50), puis avec un agrandissement le tableau Beck (Le tableau original est de 0^m, 30×0^m, 43 la distance des lignes au milieu est de 0^m, 006 pour 0^m, 01 de seconde).

Essais des écrans en glace à faces parallèles. Léon Duchesne à indiqué les moyens suivants :

L'écran à examiner étant placé sur un fond noir, drap, velours, etc., l'incliner à 45° environ et regarder les images réfléchies d'objets éloignés et à arêtes bien nettes, telles que têtes de cheminées, tiges de paratonnerre, rose des vents, etc. ; si l'image vue par réflection présente des lignes bien nettes, sans trouble, ni surtout sans être doublées, l'écran est parfait. On pourra pousser l'examen encore plus avant en regardant non à l'œil nu, mais à l'aide d'une jumelle ou d'une longue-vue pendant l'examen ; on fait tourner l'écran sur lui-même de façon à bien examiner toute sa surface : alors on reconnaît le plus petit défaut qui peut exister.

Voici un second moyen plus rapide, mais moins précis ; regardez à la fois partie au travers de l'écran à examiner tenu bien verticalement, et partie en dehors une ligne verticale, cette ligne où l'arête doit rester bien droite quoique l'on fasse tourner l'écran entre les doigts : le moindre déplacement de la ligne verticale indique que l'écran n'est pas à faces parallèles.

Employer de mauvais écrans revient à placer un prisme concurremment avec l'objectif photographique : tel n'est pas le but des écrans colorés ; aussi devra-t-on les choisir avec le plus grand soin.

Déterminer la longueur focale ou foyer d'un objectif.

1re Méthode. — On met au point une carte de visite fixée sur le verre d'une fenêtre de façon que la grandeur sur le verre dépoli soit égale à ses deux dimensions (largeur et hauteur). Pour le vérifier on se sert d'une carte, de dimensions semblables, qui sert de calibre, sur chacun des bords de laquelle on a découpé un V, on est ainsi certain de la coïncidence de l'image, qui découverte dans les V est la continuation des côtés. Il suffit de mesurer la distance de la vitre au verre dépoli et de diviser cette distance par 4 pour avoir le foyer.

2e Méthode. — Quelquefois le tirage du soufflet est insuffisant; dans ce cas on coupe la carte calibre en quatre parties égales. Un des quarts de la carte sert de calibre, comme la seconde carte de la première méthode. L'image sur le verre dépoli n'aura en longueur et en hauteur que la moitié de la carte fixée sur la vitre (on découpe également un V sur chaque côté du quart de la carte) En faisant un trait sur la base de l'appareil, après cette mise en grandeur au quart de la carte fixée sur la vitre, on ajuste ensuite l'objectif au point sur l'infini, en visant soit un objet éloigné, soit une étoile, puis on fait un second trait. L'écartement entre les deux traits est égal à la longueur focale multipliée par deux.

VERNIS

Vernis mat. — Ce vernis permet d'obtenir l'effet du verre douci passé au dos des négatifs et des diapositifs. Il existe plusieurs façons de le préparer ; mais les préparations suivantes sont les meilleures, les bons retoucheurs les emploient :

Gomme mastic...	2 gr.
Sandaraque.	6 gr.
Ether	60 cc.
Benzine cristallisable	30 cc.

ou bien :

Sandaraque.	1 gr.
Gomme laque...	6 gr.
Mastic	6 gr.
Ether...	85 cc.
Benzine cristallisable...	15 cc.

Pour qu'en se séchant, le vernis donne une surface mate, il convient que la plaque soit aussi froide que possible.

Si le grain n'est pas suffisamment marqué, ajouter un peu plus de benzine.

Vernis colorant. — Il est souvent utile de pouvoir teinter les vernis négatifs, soit mats, soit brillants, pour empêcher certaines parties du négatif de venir trop vite ou le retarder en général.

On y arrive à l'aide d'une solution dense de vert malachite ou d'éosine rouge, solubles dans l'alcool.

On en fait une solution saturée dans de l'alcool d'un degré élevé (80 à 90°), et on l'ajoute, dans le rapport désiré, à celui des vernis que l'on veut colorer, c'est le degré de retard qui établit l'intensité de la coloration.

Pour ne retarder que certaines parties on enlève, avec un pinceau très légèrement imbibé d'alcool, le vernis des autres, on peut dégrader le ton comme à l'aquarelle.

Vernis pour négatif. — Le négatif doit être absolument froid.

Benzine anhydre	100 gr.
Gomme damar.	6 gr.

Les vernis sont coulés, comme le collodium, de la manière suivante : on saisit le coin de gauche du bas entre le pouce et l'index de la main gauche, le flacon étant tenu de la main droite. On verse sur le coin gauche haut du cliché une quantité suffisante pour qu'elle descende en nappe en couvrant les deux bords, le flacon soutient le cliché par le coin droit du bas, qui entre dans le goulot dans lequel l'exédent s'écoule. Un petit mouvement alterné, de droite à gauche, facilite la régularité de l'étendage.

L'Epreuve positive

Nous avons dit (V. page 10) que la photographie courante se divise en deux procédés ; celui pour lequel on emploie l'appareil dit *chambre noire*, puis le procédé qui n'exige qu'un dispositif dont la plus simple expression est une feuille de verre superposée à un cliché sous lequel on place une feuille de papier recouverte d'une substance sensible à la lumière. Ce dispositif rudimentaire a été perfectionné et est constitué par le *châssis positif* courant de minime valeur.

Pour l'emploi de la chambre noire il faut des préparations très sensibles, et jusqu'à ce jour les sels d'argent ont été principalement employés ; mais pour l'épreuve positive les préparations sensibles sont très nombreuses ; elles auront un manuel en rapport avec leur étendue.

Nous allons indiquer le procédé le plus rapide, utilisant des surfaces sensible analogues à celles de la chambre noire, mais un support flexibles : *le papier*. On peut employer le procédé automatique comme nous le verrons.

Ces préparations étendues sur papiers ont des sensibilités différentes pour satisfaire des goûts différents. Les papiers au *gélatino-bromure* d'argent donnent des tons noirs que l'on peut faire virer au brun ; leur rapidité est de 2, 3, 4, 8, 10, 16 fois moins sensible que les plaques et pellicules pour les chambres noires. Les papiers au *chloro-bromure* d'argent sont de 16 à 20 fois moins sensibles que les plaques ; les tons obtenus varient au développement du noir au ton rouge vif, en comprenant une gamme de ces tons combinés. Ils ont, sur les précédents papiers, l'avantage de ne pas nécessiter un éclairage sombre ; un simple écran placé entre la lampe qui sert à impressionner l'épreuve et la cuvette on l'on développe l'image est suffisant, comme on le voit dans la gravure suivante extraite du catalogue des papiers à la marque Tambour [1].

---

[1] Catalogue-Formulaire franco sur demande de nos lecteurs. Compagnie Française de Papiers Photographiques, 118-120, Rue de la Tombe-Issoire, Paris.

LA PHOTOGRAPHIE EN FAMILLE

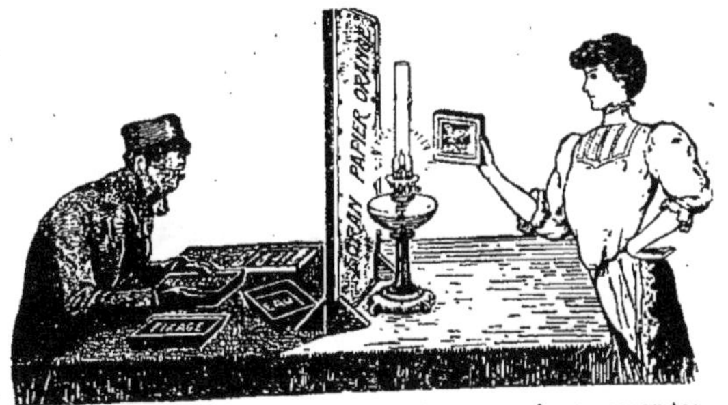

Développement instantané, Impression en quelques secondes

INSTANTANÉMENT

Le soir, sous la Lampe, sans Laboratoire

Essai de la sensibilité du papier. On utilisera les mêmes moyens que pour les plaques (V. page 48) seulement nous devons rappeler une règle indiquée dans tous les traités de physique qui si elle n'est pas absolue, comme nous l'avons prouvé pour les grandes distances, est pratiquement exacte pour ce qui nous occupe : *l'intensité d'une lumière varie en raison inverse de la distance.*

On devra donc tenir compte de cette proportionnalité quand on exposera un papier derrière un cliché.

Distance de la lumière..	0m10,	0m20,	0m30,	0m40,	0m50
Intensité de la lumière.. ...	1	4	9	16	25
Temps de pose en secondes.	1"	4"	9"	16".	25"

Pour l'impression des papiers au bromure après l'essai de leur sensibilité et en employant toujours la même lumière et le même révélateur on utilisera industriellement le procédé automatique. La société Kodak vend un appareil pour l'impression automatique du papier et un appareil pour les développer automatiquement la Société Lumière vend pour l'impression automatique le Radiophote.

Le Radiophote (¹)

Le *Radiophote* est un appareil pour le tirage des papiers au gélatino-bromure d'argent, qui se compose, comme le montrent les deux figures ci- dessous,

(¹) Société Lumière et fils à Monplaisir — Lyon.

d'un châssis à double articulation fixé à l'extrémité d'une planchette et d'une lampe placée à l'autre extrémité.

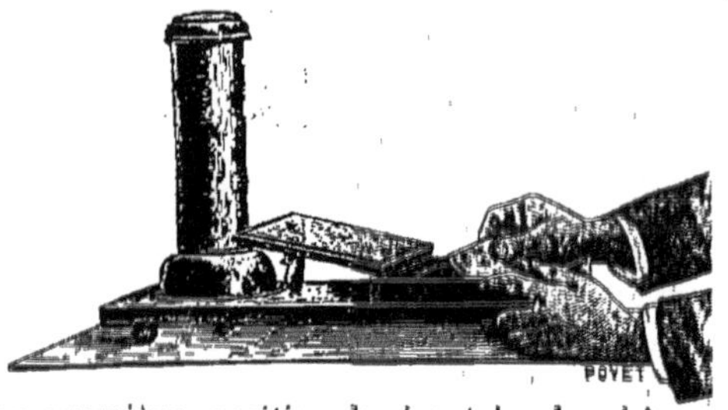

Dans une première position horizontale, le châssis reçoit la feuille de papier sensible, et le mouvement de la bascule, qui amène le châssis chargé dans sa seconde position verticale, détermine

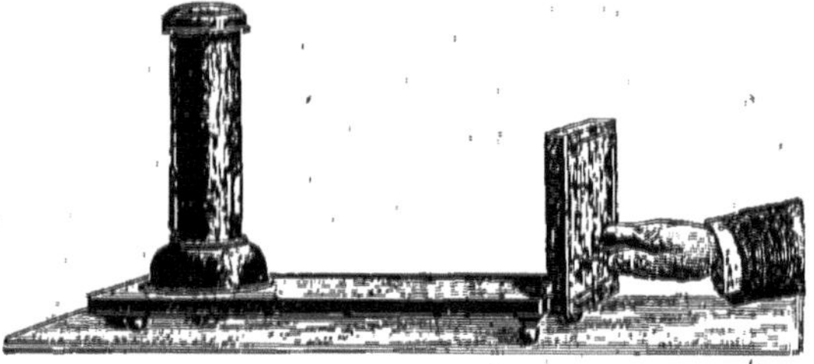

automatiquement l'ouverture du volet rouge de la lanterne, en vue de l'impression du papier.

Un coussin pneumatique, fixé au couvercle du châssis, assure le contact parfait de la feuille sensible avec le cliché.

Le *Radiophote* est livré sur demande avec dispositif pour l'éclairage électrique, au gaz ou au pétrole.

Le principal avantage de cet appareil réside dans la simplicité des opérations de chargement et d'exposition, qu'il permet d'effectuer très rapidement.

Papiers

Les diverses sortes de papiers au gélatino-bromure sont nombreuses, toutes sont bien fabriquées et ont leurs partisans pour l'amateur qui ne tient pas absolument à une régularité absolue dans un ton, mais qui veut avoir une image, le papier au chloro-bromure a une telle latitude qu'il sera préféré. Il est difficile d'avoir disons-nous le même ton avec ce papier même avec le même temps d'exposition et le même révélateur, mais on a toujours une image utilisable ; avec le papier au gélatino-bromure au contraire, les tons sont très réguliers *dans une même émulsion;* à chaque émulsion nouvelle il est préférable de faire un essai.

Pour le révélateur à employer nous conseillons de prendre celui indiqué par le fabricant du papier que l'on utilise

Le révélateur à l'Adurol que nous indiquons (V. page 63) pour le développement automatique des plaques négatives peut être utilisé.

En règle générale : plusieurs fabricants ont des qualités spéciales pour les clichés peu intenses et une autre qualité pour les clichés vigoureux ; nous donnons un tableau extrait de la notice de la Société Grieshaber en engageant de lire celles des autres fabricants, Société Lumière, Jougla, Kodak, Hauff [1].

TABLEAU DES INSUCCÈS et de leurs causes (Papiers bromure)

Description de l'image	Causes de l'insuccès
Noirs intenses, manque de détails	Développement trop faible, manque de pose.
Image très détaillée, mais plate, sans vigueur, noirs verdâtres.	Développement trop énergique, excès de pose.
Les blancs sont jaunes	Développement trop lent, révélateur vieux. Bain de fixage malpropre. Fixage insuffisant. Manque de lavage entre le développement et le fixage.
Taches jaunes, noires ou rouges	Hyposulfite dans le révélateur. Traces de doigts ayant touché l'hyposulfite. Révélateur mal préparé, base non dissoute.
Lignes, raies noires............	Frottement par un corps dur.
Petites parties rondes restées blanches......................	Bulles d'air.

Essai du Révélateur. Il ne doit pas voiler la plaque avant 6 ou 10 minutes. J'ai reconnu qu'après 6 minutes certaines émulsions excellentes ont une tendance à prendre au voile gris ou coloré, d'autres émulsions ne manifestent cette tendance au voile qu'après 10 minutes. Il suffit donc de mettre une plaque vierge de toute exposition dans le révélateur pour constater la résistance au voile dans le révélateur essayé.

J'ai donné deux formules : celle de M. Mercier du "parfait-révélateur ralenti" qui développe en 10 minutes ; celle à l'Adurol en 5 minutes. Les fabricants de plaques indiqueront les leurs ; lorsque l'automatisme se généralisera pour les plaques comme pour les pellicules. Dans une de ces deux formules les bonnes plaques ne sont pas voilées, quelquefois dans les deux.

(1) Cerckel, 26, rue Bergère, toutes les notices sont envoyées franco, à nos lecteurs, par les fabricants contre 0 fr. 20 pour frais de poste.

APPENDICE

Quelles surfaces photographiques employer ?

Les photographes ont à leur disposition des surfaces sensibles dont le support est du verre, des pellicules, du celluloïd, du papier ; le premier est fragile et un document risque d'être brisé mais nous devons reconnaître que le débutant dont la main ne serait pas délicate la préfèrera ; de même pour tous les travaux où une précision miscroscopique est nécessaire. Pour nous, nous préférons la pellicule dans un bon appareil qui lui donne la planité indispensable. Le papier est le plus économique, d'une retouche facile, mais peu employé, on le trouve rarement recouvert d'une couche aussi sensible que sur les deux premiers supports. Les deux derniers supports, par suite de leur minceur, ne provoqent pas ce phénomène gênant : *le halo.*

Nous avons indiqué la difficulté de reproduire en noir, les diverses colorations en dehors de la plaque orthochromatique ou panchromatique. La préparation de cette dernière couche sensible est l'idéal pour le photographe, il faut toujours l'employer avec un écran jaune, sa conservation, à l'état vierge d'impression, n'est pas de longue durée. Une plaque orthochromatique ayant un anti-halo est nécessaire pour reproduire les paysages d'été et surtout d'automne ; pour l'hiver le anti-halo est toujours indispensable, surtout pour les intérieurs et les sous-bois où les contrastes sont violents.

Pour les Papiers positifs. Les papiers au gélatino-bromure et ceux au chloro-bromure seront de plus en plus employés, car ils dispensent de la longue attente à la lumière du jour. *Le Moniteur de la Photographie* donnera les modes d'emploi et les formules d'un grand nombre de procédés très simples.

La Photographie des couleurs.

Le rapport de M. L'Ingénieur Larivière (V. page 35) indique la méthode à suivre pour obtenir, dans notre laboratoire portatif, une épreuve en couleurs et l'avoir sèche dans un quart d'heure environ, comme il le spécifie : c'est plus simple et plus rapide que pour la photographie courante. Nous allons résumer en quoi consistent les plaques sensibles employées [1]

Les plaques actuellement vendues et pratiquement employées sous les désignations : *Autochrome, Omnicolore, Dioptichrome* ont constituées de la manière suivante : sur une feuille de verre on réunit, par différents moyens, tous très ingénieux, des triades de couleurs (orangé, bleu violacé, vert jaunâtre) juxtaposées, on a ainsi un réseau qui, regardé à distance, produit la sensation d'un verre dépoli grisâtre, mais si on l'examine à la loupe on constate que chacune des couleurs juxtaposées est un point transparent d'une coloration très pure, dont la forme géométrique diffère suivant le fabricant.

Sur ce réseau on étend un vernis isolant, insoluble par l'eau, puis on coule une émulsion photographique sensible aux différentes radiations colorées de la nature.

On comprend qu'en faisant passer l'image aérienne, qui a traversé l'objectif, par ce réseau tricolore ou « filtre » ses colorations multiples, en les limitant suivant la forme des points microscopiques du réseau, la surface sensible placée derrière, est ainsi impressionnée comme dans une plaque photographique ordinaire [2] que l'on suppose d'une teinte grise continue mais qui n'est en réalité qu'une granulation très fine de poussière métallique absolument opaque c'est entre ces grains d'argent que la lumière circule pour nous donner la sensation de transparence.

Dans les plaques en couleurs les points miscroscopiques ne sont pas agglomérés superposés comme dans la plaque ordinaire, tous sont simplement juxtaposés, côte à côte, et si des espaces noirs apparaissent sur l'image c'est qu'ils existent sur le sujet, l'imparfaite acuité de notre œil empêche de les apercevoir.

La pratique des opérations est la même que pour les plaques orthochromatiques en vente actuellement (en plaçant devant ou derrière l'objectif un écran jaune qui a pour but de modérer l'énergie des radiations bleues).

---

(1) C'est en 1903 et en 1904 que MM. A. et L. Lumière après leurs beaux travaux sur le procédé Lippmann et sur la trichromie, dont les résultats ont été admirés à l'Exposition de 1900, ont mis en œuvre leurs plaques autochromes. Dès 1905 feu Léon Vidal m'en écrivait les étonnants résultats et le retard de deux années à les mettre en vente honore la conscience scrupuleuse de ces savants. Les plaques omnicolores ont été présentées en Mai 1907, les plaques Dioptichromes en 1909.

(2) La théorie du procédé ne peut trouver ici sa place nous l'avons indiqué dans le *Moniteur de la Photographie*.

1° On expose à la lumière comme pour les plaques ordinaires mais la durée de l'exposition est augmentée (1) de 30 à 40 fois, soit en moyenne, de une seconde au soleil au diaphragme F/8.

2° On développe automatiquement (cela est préférable) dans l'obscurité et les seuls points colorés qui ont servi de filtre sont ainsi bouchés.

3° Après un lavage, de quelques secondes, on dissout dans une solution l'image développée, qui bouche les points colorés qui, par transparence, constitueront l'épreuve en couleur.

Si le temps de pose a été suffisant et si les colorations du sujet sont très claires les opérations seront arrêtées à ce moment une minute de lavage suffira et à l'aide d'un évantail l'épreuve sèche en cinq minutes. On aura une épreuve en couleurs très belle et très transparente. Si les colorations du sujet sont foncées l'arrêt à ce point leur donne un aspect laiteux ; qui disparaît après un second développement, qui en augmentant le contraste donnera de l'éclat et de la vigueur à l'image. Les parties claires deviennent un peu plus sombres, mais l'ensemble sera plus agréable.

Enfin si par une pose un peu trop longue le ton général de l'image semble affaibli, on pourra intensifier, comme pour la photographie ordinaire, l'épreuve en couleurs.

L'exposé que nous venons de faire est suffisant pour marquer que les couleurs et leurs intensités relatives sont déterminées d'avance par les fabricants, quelles sont immuables et que si, après les opérations photographiques, elles semblent disparaître, ou lavées, ou assombries, cet aspect n'est qu'une fausse impression visuelle produite par des contrastes différents, si bien analysés, dans le siècle dernier, par Chevreul.

Sur les qualités respectives des différentes plaques actuellement en vente on comprend que, devant les perfectionnements importants faits par les fabricants, notre avis pourrait être inexact dans quelques jours. La minceur de la couche actuelle des plaques autochromes nous permet d'obtenir en un quart d'heure, en pleine lumière le développement et le séchage d'une épreuve en couleurs ; voilà ce que des milliers de photographes peuvent certifier. La figure de la page 33 nous présente faisant cette opération au soleil ; la belle épreuve en couleurs, en tête du *Manuel*, est la reproduction, par la trichromie, d'une épreuve sur plaque autochrome ; les qualités artistiques de cette épreuve nous dispensent d'insister sur l'utilité de la photographie des couleurs pour les artistes et les industriels. Si les opérations sont les mêmes pour les trois sortes de plaques, les formules des trois fabricants diffèrent, nous cherchons à les uniformiser. Le *Moniteur de la Photographie* publiera les résultats.

LES PRODUITS PHOTOGRAPHIQUES

Nous avons dit qu'il est nécessaire en photographie d'employer des produits purs dans les flacons d'origine, c'est-à-dire cachetés de la marque des fabricants ; la maison Poulenc a été une des premières à signaler cette nécessité et à publier un ouvrage, *Les produits purs en photographie,* que nous recommandons. Les fabricants de plaques et papiers préparent avec beaucoup de soins différents produits, MM. Mercier, Reeb, Jumeau (cristallos) ont spécialisé différents produits, on devra lire attentivement leurs formulaires avant de les utiliser.

La Société Lumière a multiplié les formes de produits qu'elle fabrique de façon à faciliter leur emploi et à éviter aux opérateurs des manipulations ou des pesées ; son formulaire donne des détails utiles que l'on doit suivre avec attention et son excellent agenda.

Règle générale pour la préparation des solutions. On indique généralement dans les formules pour les dissolutions successives des produits un ordre que l'on doit suivre, on évitera ainsi la précipitation de certaines substances. Pour faciliter les combinaisons on se trouvera bien de les dissoudre séparément et de mélanger ensuite les solutions dans l'ordre indiqué. Si on emploie des produits secs, pour les préparations, on les écrasera entre deux papiers pour faciliter leur dissolution. Pour les produits en poudre on les humectera d'abord avec quelques gouttes d'eau en les triturant avec un agitateur, puis on ajoutera ensuite la quantité totale, on évite ainsi les granulations insolubles.

Au point de vue économique, il convient de préparer les solutions à l'état concentré, leur conservation est plus certaine. Si un dépôt cristallin se produit à la température de 15° on augmentera la quantité d'eau de la solution concentrée en tenant compte de cette dilution. On conservera aux solutions la durée de leur énergie en séparant les alcalis des réducteurs, il suffit d'avoir deux flacons et pour préparer la solution d'emploi de prendre dans chacun d'eux soit un volume égal soit un volume proportionnel, puis d'ajouter la quantité d'eau ponr obtenir la solution d'emploi.

Les solutions d'emploi conservent plus longtemps leurs qualités dans des flacons bouchés et pleins. Il suffit d'avoir des flacons de différentes grandeurs. Une solution colorée peut souvent donner des résultats satisfaisants, mais on comprend que son énergie s'est modifiée.

Il est préférable d'employer de l'eau distillée lorsque cette pureté relative est indiquée.

En résumé : lorsqu'une formule donne une solution d'emploi en prenant comme volume total un litre, on devra essayer de faire dissoudre dans 100cc ; quitte à chercher, s'il se produit une cristallisation, d'ajouterde l'eau en petite quantité pour atteindre le maximum de concentration. On évitera ainsi des litres difficiles à caser et des pertes sérieuses. Pour les liquides volatiles on évitera leur diminution de titre en enduisant le bouchon de gomme arabique.

Développer un cliché et son épreuve en trois minutes

Nous avons publié en 1898 sous la rubrique " Un truc photographique dévoilé " le procédé suivant qui peut être souvent utile lorsqu'on est pressé, le voici :

1° Placer dans une cuvette une feuille de papier au bromure rapide ou tout autre (c'est avec le papier rapide que nous opérons d'habitude)

2° Placer à côté de la cuvette ou se fera le développement, un cahier de papier buvard blanc.

Ceci préparé, ainsi qu'un révélateur d'une rapidité moyenne, nous allons commencer l'opération en comptant le temps nécessaire à chaque phase.

Développer le cliché : 40 à 60 secondes.

Laver le cliché en l'agitant dans l'eau sans le fixer : 5 secondes.

Placer le papier au bromure, mouillé, sur le cliché, mettre l'ensemble dans le cahier de papier buvard et presser légèrement pour enlever l'eau : 5 secondes.

Exposer à la lumière d'un bec de gaz ou d'une lampe à pétrole (le papier adhère assez au cliché, il n'est pas nécessaire de mettre dans un châssis) : 35 secondes.

Développer l'épreuve au bromure : 30 à 40 secondes.

Fixer l'épreuve dans un bain acide à 25/100 d'hyposulfite, en agitant le papier : 30 secondes.

Laver légèrement : 5 secondes. Soit au total 180 secondes, ou 3 minutes environ.

Nous avons ensuite tiré 11 autres épreuves, puis le cliché à été fixé et il est en très bon état.

Il est évident que l'on peut opérer paisiblement et sans se hâter autant.

Simplification des tableaux de temps de pose

(Etablie d'après les tableaux des pages A et B pages 28 et 29)

Pour la durée de l'exposition, j'ai résumé sous une forme simple pour le diaphragme $\frac{F}{D} = 11.3$, les vitesses pour les différents cas qui peuvent se présenter au photographe, pour les autres diaphragmes on les modifiera proportionnellement (bien que pour les diaphragmes supérieurs à 11.3, le tableau peut être utilisé et l'on aura avec un anti-halo à la plaque, par le développement automatique, un cliché utilisable). On trouvera dans le *Manuel* les documents utiles et certains inédits pour réussir.

Vitesses d'obturation (en secondes) à **F/D = 11.3**
(de novembre à mars inclus à diviser par 4).

Nature du sujet		Éclairage du sujet		
		SOLEIL	OMBRE	
		sur le sujet	bien éclairée	mal éclairée
Scènes de la rue. — Monuments ...		$\frac{1}{40}$ s	$\frac{1}{5}$ s	$\frac{3}{4}$ s
Paysages...	avec verdure claire..	$\frac{1}{25}$ s	$\frac{1}{3}$ s	1s,3
	avec verdure foncée.	$\frac{1}{12}$ s	$\frac{2}{3}$ s	2s,7
Groupes		$\frac{1}{2}$ s	4 s	16 s
Nuages.		F/D=45 $\frac{1}{40}$	$\frac{F}{D}$ = 16 $\frac{1}{40}$	

Nous conseillons au débutant qui ne connaît pas la vitesse de son obturateur de sacrifier quelques plaques en les exposant devant un monument au soleil d'abord à un diaphragme déterminé puis au grand diaphragme ; on développe ensuite automatiquement.

Cela lui servira de base, a défaut des essais de la page 31.

Formulaires

Formules pour le développement automatique

Eau ordinaire ou mieux distillée..	1000 cc.	1000 cc.
Sulfite de soude cristallisée...	80 gr.	65 gr.
Carbonate de soude cristallisée	60 gr.	100 cc.
Adurol Hauff[1]...	—	8 gr.
Hydroquinone [1].	8 gr.	—
Bromure de potassium	5 gr.	5 gr.
Durée du développement de 14 à 16°... ...	10 min.	5 min.

Différents expérimentateurs ont employé pour le développement automatique diverses formules : M. Reeb son révélateur Eclair en six minutes, M. Bazière la formule à l'acide pyrogallique de MM. Lumière en réduisant de moitié la quantité d'eau.

[1] La grande solubilité de l'Adurol permet de faire une solution concentrée à froid en ne mettant que 100 cc. d'eau et de l'additionner alors de 9 volumes d'eau au moment de l'emploi. L'Hydroquinone cristallisée à cette concentration.

Nous avons indiqué le moyen de vérifier la qualité d'un révélateur. (1) On comprend qu'en donnant deux révélateurs, nous ne pouvons certifier que ceux vendus préparés ne sont pas altérés.

Pour les plaques en couleurs, nous employons la formule suivante due à MM. Lumière.

AA	Eau	100 cc.
	Bisulfite de soude liquide de commerce	2 gouttes
	Acide pyrogallique.	3 gr.
	Bromure de potassium.	3 gr.
BB	Eau	88 cc.
	Sulfite de soude anhydre...	10 gr.
	Ammoniaque à 22° (Dté 0.923)...	15 cc.

Emploi	Eau	100 cc.
	AA.	10 cc.
	BB.	10 cc.

Durée du développement 2m 1/2 à 15° environ.

Nous utilisons *avec succès* le pyro-ammoniacal de M. Reeb à la dose de 5 cc. de chacun des liquides pour 100 cc. d'eau, il est supérieur.

Pour *l'inversion* de l'image le dissolvant est le suivant :

Permanganate de potasse	2 gr.
Acide sulfurique	10 gr.
Eau..	1000 cc.

Le séjour dans le bain est d'environ 4 minutes

Laver quelques secondes puis sécher à l'éventail (5 minutes).

C'est ainsi que nous opérons en pleine lumière (V. page 33 et rapport de l'Ingénieur Larivière page 35)

La plaque montre toutes les qualités comme coloration mais elle est rougeâtre, on dissout facilement l'oxyde de manganèse qui lui donne cet aspect en mettant environ 1 cc. à 2 cc. de bisulfite de soude liquide du commerce pour 100 cc. d'eau pour le premier lavage (inutile de mesurer).

Renforcement au bichlorure de mercure. Nous avons évité de marquer, pour le renforcement des clichés, l'emploi du bichlorure de mercure, qu'il est difficile d'obtenir dans le commerce actuellement et qui est un poison violent ; cependant nous croyons devoir l'indiquer pour être complet. Il consiste à blanchir le cliché, comme avec le bichromate, puis, après un lavage soigné, à le noicir, soit par une solution ammoniacale très étendue, soit, ce qui est préférable, par un révélateur.

Le bain de blanchiment est le suivant :

Chlorure mercurique 5 gr. + Bromure de potassium 5 gr. + Eau 100cc.

---

(1) *Moniteur de la Photographie* du 31 Juillet 1910.

Le développement automatique des pellicules

Nous avons exposé le développement automatique et indiqué (V. page 32) l'historique de son emploi avec le gélatino-bromure. Après avoir marqué que c'est la Société Kodak qui a été l'initiatrice, la propagatrice de ce procédé pour les pellicules, nous

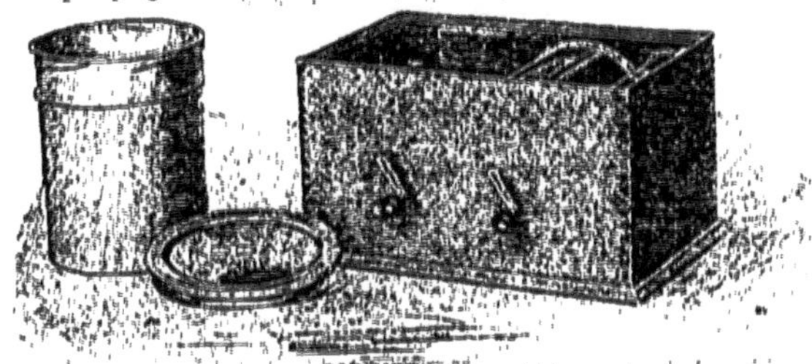

Fig. 1

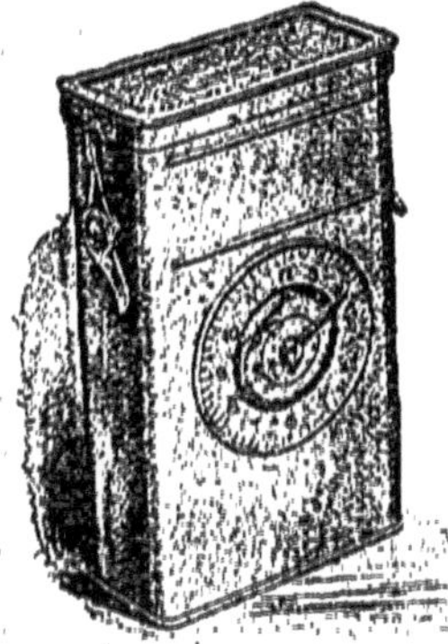

Fig. 2

croyons équitable et rester dans nos habitudes d'impartialité en reproduisant les figures ci-dessus des excellents appareils que cette société vend pour effectuer toutes les opérations photographiques en plein jour.

La figure 1 indique la boîte, de forme cubique qui sert à envelopper la pellicule exposée dans un tablier, qui sera l'enveloppe protectrice qui permet de transférer, en plein jour, la pellicule dans la cuve circulaire voisine, dans laquelle se fait le développement.

La fig. 2 est la même application pour les plaques [1].

[1] Pour les notices s'adresser à la Société Kodak 6, rue d'Argenteuil (Paris)

TABLE

APPENDICE

ROANNE, GRANDE IMPRIMERIE FORÉZIENNE, P. ROUSTAN

F. ROUSTAN — ROANNE.

www.ingramcontent.com/pod-product-compliance
Ingram Content Group UK Ltd.
Pitfield, Milton Keynes, MK11 3LW, UK
UKHW020208200726
13856UKWH00004B/1265

9 782013 065016